AF126446

DIESES BUCH IST GESCHRIEBEN
VON NINA TAMARA SCHNEIDER UND

Dieses Buch ist nachhaltig und regional in Deutschland produziert. Das Papier ist FSC®-zertifiziert und
um Plastik zu sparen, verzichten wir auf eine Plastik-
folie drumherum.

Dein PROJEKT. Dein GUIDE.

ulmer

Vegan leben

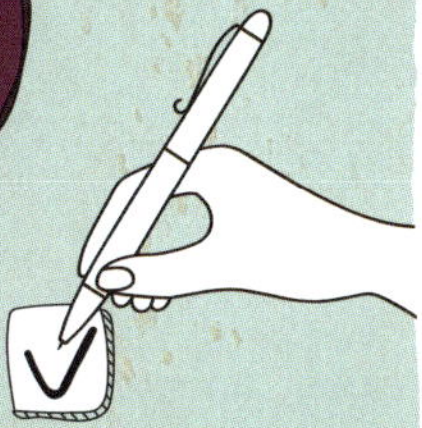

inhalt

Schritt für Schritt in
deinen Vegan-Alltag!

**Noch mehr Infos, Rezepte
& Ideen gefällig?**

Online unter www.ulmer.de/
vegan-guide findest du noch mehr
Extramaterial zum Herunterladen
und Ausdrucken.

LEVEL 2

ERNÄHRUNGSTAGEBUCH &
hilfe für climber

LEVEL 3

INSPIRATION & SPICKZETTEL
für pros

Hallo du!

Dieser Guide wächst mit dir, während du wächst.

Mein Name ist Nina, ich habe Ernährungswissenschaften studiert und vor mehr als zwölf Jahren entschieden, vegan zu leben. Was als neugieriger Versuch begann, hat sich zu einer tiefen Leidenschaft für Tierschutz und eine gesunde, pflanzliche Ernährung entwickelt. In dieser Zeit habe ich unglaublich viel gelernt, ausprobiert und entdeckt. Und jetzt freue ich mich darauf, all das mit dir zu teilen.

Dieses Buch ist mehr als nur eine Sammlung von Informationen über Veganismus – es ist dein persönlicher Vegan-Guide. Ganz egal, ob du neugierig auf die vegane Lebensweise bist oder bereits mittendrin steckst: Ich will dich inspirieren, motivieren und vor allem begleiten. Ich zeige dir, wie viel Freude, Genuss und positive Veränderung eine pflanzliche Ernährung bringen kann, dieses Buch steht dir aber auch bei den Herausforderungen und Schwierigkeiten unterstützend zur Seite.

Über drei Level kannst du dein Wissen und deine Erfahrung schrittweise vertiefen. Jedes Level führt dich ein Stück weiter auf deiner Reise. Selbst wenn du schon einiges über Veganismus weißt, kannst du in den ersten Buchteilen Neues entdecken oder Bekanntes aus einer frischen Perspektive betrachten.

Auf vielen Seiten findest du QR-Codes zum Herunterladen von praktischen Vorlagen – falls dein Guide also irgendwann vollgeschrieben ist, kannst du trotzdem weitermachen.

Ich lade dich ein, mit diesem Buch deinen ganz eigenen veganen Weg zu finden – mit all seinen Höhen, Tiefen und dem Abenteuer dazwischen. Veganer(in) zu werden (oder zu bleiben) ist ein Prozess, kein Ziel. Also: Lass uns gemeinsam loslegen!

Deine

Nina

Hier erfährst du, wie Tiere in der Tierindustrie leben, und findest Gründe, warum sich ein veganes Leben lohnt. Die 30-Tage-Challenge begleitet dich mit leicht verständlichen Infos, Rätseln, Mitmachaufgaben und Rezepten auf deinem Weg in eine vegane(re) Welt. Wenn du schon mehr Erfahrung hast, dann konzentriere dich auf Aspekte, die dich interessieren.

Hier lernst du, deine Ernährung bewusster zu gestalten, indem du ein Ernährungstagebuch führst und deine Mahlzeiten noch gezielter planst. Du bekommst außerdem Hilfe für besondere Herausforderungen.

Mit dem Wissen, das du bis jetzt erlangt hast, bist du schon fast ein Vegan-Profi. Level 3 bietet dir praktische Spickzettel und motiviert dich, deine eigenen veganen Rezepte zu kreieren und deine liebsten veganen Produkte zu finden.

INFOS & CHALLENGE
für newbies

Hast du dich schon mal gefragt, was wirklich hinter deinem Burger oder einem Glas Milch steckt? Auf den folgenden Seiten werfen wir Blicke hinter die Kulissen der Tierindustrie. Spoiler: Es geht nicht immer so tierfreundlich zu, wie die bunten Werbebilder uns glauben machen wollen.

In jedem Fall findest du genügend Gründe, um vegan zu werden. Die 30-Tage-Vegan-Challenge (→ ab Seite 33) ist ein prima Einstieg! Sie wird dir neue Perspektiven eröffnen und zeigen, wie vielfältig ein veganer Lebensstil sein kann.

INHALT	SEITE	GECHECKT

Kreuze die Kästchen an, wenn du das Thema gelesen hast...

So leben Schweine

Woher stammt eigentlich der Speck auf unseren Frühstückstischen?

→ Bevor Speck im Supermarkt oder in der Auslage beim Metzger landet, hat hier ein Schwein sein Leben lang mit hunderten weiteren Schweinen in einer Tierhaltungsanlage gelebt. Die meisten von ihnen in Massentierhaltung. Stell dir vor, du würdest dein ganzes Leben in einer überfüllten U-Bahn verbringen, ohne jemals rauszukommen!

Durch diese Haltungsbedingungen werden Schweine oft krank. Da hilft auch kein Hühnersüppchen, sondern meist nur Antibiotika. Davon bekommen sie jede Menge, was dann Antibiotikaresistenzen verursachen kann. Das ist ein echtes Problem, nicht nur für die Schweine, sondern auch für uns Menschen, da resistente Bakterien Krankheiten schwerer behandelbar machen. Auch Bio-Schweine sind nicht happy und führen kein Luxusleben: Obwohl sie weniger Antibiotika bekommen als ihre Kollegen in der konventionellen Haltung, leiden sie oft unter ähnlichen Krankheiten.

35,9 % der Schweine aus konventioneller Haltung sind krank. Bei den Tieren aus ökologischer Freilandhaltung sind es mit 35,2 % fast genauso viele.

2023 wurden in deutschen Schlachthöfen ca. 43,8 Millionen Schweine geschlachtet.

Endstation: Schlachthof

Auch wenn es Vorschriften gibt, die sicherstellen sollen, dass die Tiere, wenn sie geschlachtet werden, möglichst wenig leiden, ist die Realität eine andere. Es kommt vor, dass die Betäubung nicht richtig funktioniert und die Schweine noch bei Bewusstsein sind, wenn sie getötet werden.

Nach der Schlachtung werden die Schweine in ihre Einzelteile zerlegt. Der Bauch, aus dem der Speck gemacht wird, wird gesalzen, gepökelt und geräuchert, um den typischen Geschmack zu bekommen. Dann landet der fertige Speck beim Metzger oder im Supermarkt und schließlich auf dem Frühstückstisch. Dass der Speck mal Teil eines lebenden Schweins war, ist nicht mehr zu erkennen.

Die Deutsche Gesellschaft für Ernährung empfiehlt, nicht mehr als 300 g Fleisch pro Woche zu essen. Die Realität ist: Männer essen durchschnittlich 1000 g Fleisch pro Woche, Frauen ca. 600 g.

Ihr Fleisch wird weltweit am häufigsten konsumiert.

TIPP

Noch mehr Einblicke in die Schweinehaltung gibt's hier:

Artikel gelesen? ☐

Schweine stecken in viel mehr Produkten, als du vielleicht denkst:

Fruchtgummi enthält oft Gelatine, die aus Schweine-knochen und -haut gemacht wird. Deswegen sind viele Gummibärchen nicht mal vegetarisch.

Manche cremigen Leckereien wie Joghurts und Pud-dings enthalten ebenfalls Gelatine – sie verdanken ihr die richtige Konsistenz.

Oder willst du lieber selber raten? Dann blättere auf S. 60 zu Challenge-Tag 14!

Cornflakes werden mit einem Zucker-Gelatine-Ge-misch überzogen, damit sie nicht so schnell weich werden.

Backwaren: Mehl wird manchmal L-Cystein (E 920) hinzugefügt, damit man daraus einen lockeren Teig herstellen kann. Diese Aminosäure kann aus Schwei-neborsten gewonnen werden.

Auch Getränke bleiben nicht verschont! Schweinegela-tine wird manchmal bei der Klärung von Wein und Saft verwendet.

In manchen Medikamenten und Nahrungsergänzungs-mitteln verstecken sich ebenfalls Schweinebestandtei-le in Form von Gelatine in den Kapseln.

Selbst in Seife, Creme oder im Waschmittel können Fettsäuren aus Schweineknochen und Kollagen aus Schweinehaut enthalten sein.

Durchforste mal
deinen Kühlschrank,
Badregale und Vorrats-
schränke: In welchen
Produkten hast du Schwein
gefunden?

_____

_____

_____

_____

_____

_____   _____

_____   _____

_____   _____

_____   _____

_____   _____

_____   _____

_____   _____

_____   _____

_____   _____

_____   _____

_____   _____

_____   _____

So lebt Geflügel

Hühner – das Mastwunder

Die meisten Mastbetriebe gibt es in der Hühner-haltung. In riesigen Hallen, oft zu Zehntausenden, verbringen die Tiere dort ihr kurzes Leben. Masthühner sind speziell gezüchtet, um schnell zu wachsen – in nur etwa fünf bis sieben Wochen sind sie schlachtreif. Durch das schnelle Wachstum haben viele der Tiere Probleme mit den Gelenken und können kaum laufen. Bewegung und Tageslicht? Fehlanzeige.

TIPP

Noch mehr Einblicke in die Hühnermast gibt's hier:

Artikel gelesen? ☐

Nach Schwein wird in Deutschland Geflügel am häufigsten gegessen. Doch wie leben die Tiere, bevor sie als Chicken Nuggets oder Putenbrust auf dem Teller landen?

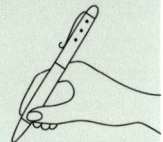

In der Kurzmast teilen sich 26 Hühner
eine Stallfläche von einem Quadratmeter.
Zeichne 26 Hühner in die leere Fläche und
orientiere dich für die Größe an dem
maßstabsgetreuen Huhn unten.

1 Meter

1 Meter

TIPP

Noch mehr Einblicke in die Putenmast gibt's hier:

Artikel gelesen? ☐

TIPP

Noch mehr Einblicke in die Entenmast gibt's hier:

Artikel gelesen? ☐

In Deutschland werden pro Kopf etwa 238 Eier pro Jahr gegessen. Ca. 49 Millionen Hühner werden zur Eierproduktion gehalten.

Puten – die großen Brüder

Puten, auch Truthähne genannt, leben unter ähnlichen Bedingungen. Sie werden nach etwa vier Monaten Stallleben geschlachtet. Auch sie sind auf schnelles Wachstum gezüchtet, was oft zu gesundheitlichen Problemen führt. Viele Puten leiden unter verformten Knochen und können sich kaum bewegen.

Gänse und Enten – nicht nur für Weihnachten

Besonders zur Weihnachtszeit sind Gänse gefragt, doch die Realität hinter der beliebten Weihnachtsgans ist weniger festlich. Sechzehn Wochen lang werden sie intensiv gemästet und liefern neben ihrem Fleisch auch Schmalz, Federn und Daunen. Für die Produktion der beliebten Stopfleber werden ihnen zwei- bis dreimal täglich große Mengen Nahrung in die Mägen gepumpt, damit eine Fettleber entsteht.

Die beliebte „Ente süßsauer" im Chinarestaurant wurde in ähnlichen überfüllten Bedingungen gehalten wie Hühner und Puten. Die Tiere haben keinen Zugang zu Teichen oder Weiden, die sie eigentlich bräuchten, um ihren natürlichen Bedürfnissen nachzukommen.

Wer die Eier produziert

Legehennen sind sogenannte Qualzuchten. Sie wurden gezüchtet, um möglichst viele Eier legen zu können. Denn der Bedarf an Hühnereiern in Deutschland ist sehr groß.

Es gibt verschiedene Haltungsarten für Legehennen. In den Kleingruppenkäfigen leben bis zu 60 Hennen zusammen. Jedes Tier hat in der Theorie 800 cm² (= ein DIN-A4-Blatt plus fünf EC-Karten) Platz. Die meisten

Hennen leben allerdings in der Bodenhaltung: bis zu 6000 Tiere in großen, überdachten Ställen auf mehreren Ebenen, sogenannten Volieren. 20 % der Legehennen leben in Freilandhaltung in Betrieben mit bis zu 30 000 Hennen. Sie sind denselben Bedingungen ausgesetzt wie die Hennen in Bodenhaltung, haben aber (meist zeitlich begrenzten) Auslauf nach draußen.
Eier werden nicht nur als Frühstückseier konsumiert, sondern verstecken sich auch in vielen verarbeiteten Lebensmitteln wie Kuchen, Nudeln und Mayo. Was viele nicht wissen: Oft stammen die Eier in verarbeiteten Lebensmitteln aus Käfighaltung. Da in Deutschland die Käfighaltung verboten ist, werden die Eier aus anderen Ländern importiert.

> Wie man solche Lebensmittel mit importierten Eiern erkennen kann? Meistens gar nicht, denn eine Kennzeichnung von Haltungsform und Herkunft ist nicht vorgeschrieben.

Das Schicksal der Küken

Ein besonders trauriges Kapitel in der Eierproduktion ist das Schicksal der männlichen Küken. Da sie keine Eier legen können und in Deutschland kaum Nachfrage nach ihrem Fleisch besteht, werden sie getötet – jedes Jahr sind das etwa 45 Millionen Küken allein bei uns. Methoden wie das Schreddern oder Vergasen sind mittlerweile in Deutschland verboten. Stattdessen werden Technologien genutzt, um das Geschlecht der Küken schon im Ei zu bestimmen – diese Eier werden dann vernichtet. Eine Alternative ist die Aufzucht und Mast der Hähne. Wegen der geringen Nachfrage wird deren Fleisch aber billig exportiert.

TIPP

Noch mehr Einblicke in die Legehennenhaltung gibt's hier:

Artikel gelesen? ☐

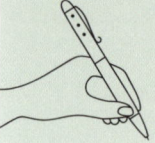

Welche dieser ver-
arbeiteten Lebensmittel
enthalten gewöhnlich Eier?
Kreuze alle an.

☐ Traditionelle italienische
Pasta

☐ Traditionelle deutsche
Spätzle

☐ Milcheis

☐ Frikadellen

☐ Kroketten

☐ Croissant

☐ Wurst

☐ Pudding

☐ Mayonnaise

☐ Haferflocken

Wie du Eier in selbstgekochten Gerichten ganz einfach ersetzen kannst, erfährst du auf S. 137.

Lösung: Diese Lebensmittel enthalten oft Eier: Traditionelle deutsche Spätzle (als Bindemittel und Geschmacksträger), Frikadellen (als Bindemittel), Milcheis (als Emulgator und Bindemittel), Kroketten (als Bindemittel und in der Panade), Croissant (als Bindemittel und für den Glanz), Pudding (als Bindemittel), Mayonnaise (zur Emulgierung), Wurst (als Bindemittel).

Dafür werden Rinder genutzt

Wer weniger rotes Fleisch isst, schont nicht nur die Tiere, sondern auch seine Gesundheit und die Umwelt – Rindfleisch zählt zu den größten „Klimatreibern": Pro Kilogramm erzeugtem Rindfleisch fallen 25,5 kg Kohlendioxid-Äquivalente an. Wer viel rotes Fleisch von Rind, Schaf, Ziege und Schwein isst, steigert das Risiko für Darmkrebs.

Rindfleisch ist das Fleisch, das in Deutschland am dritthäufigsten gegessen wird. Die Industrie nutzt Rinder sehr umfangreich. Sie werden nicht nur für ihr Fleisch und ihre Muttermilch in Gefangenschaft gehalten:

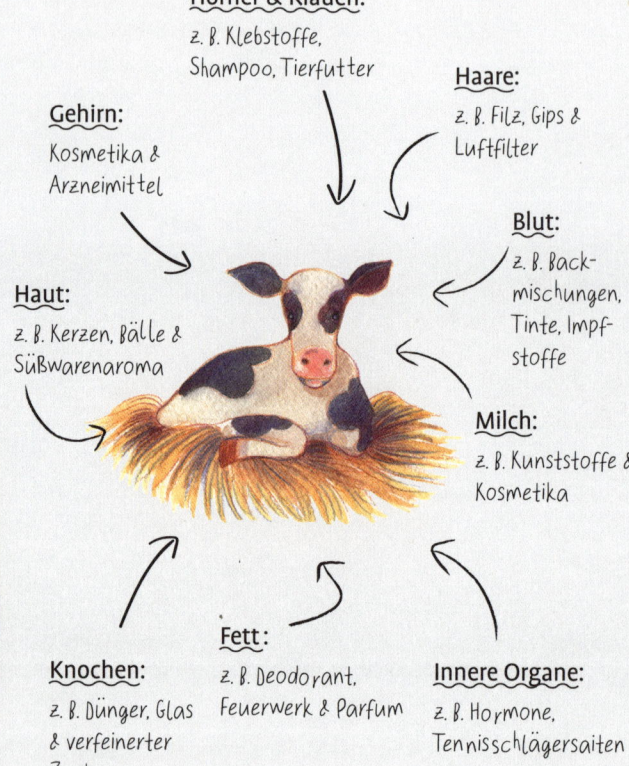

Hörner & Klauen:
z. B. Klebstoffe, Shampoo, Tierfutter

Haare:
z. B. Filz, Gips & Luftfilter

Gehirn:
Kosmetika & Arzneimittel

Blut:
z. B. Backmischungen, Tinte, Impfstoffe

Haut:
z. B. Kerzen, Bälle & Süßwarenaroma

Milch:
z. B. Kunststoffe & Kosmetika

Knochen:
z. B. Dünger, Glas & verfeinerter Zucker

Fett:
z. B. Deodorant, Feuerwerk & Parfum

Innere Organe:
z. B. Hormone, Tennisschlägersaiten

TIPP

Noch mehr Einblicke in die Rinderhaltung gibt's hier:

Artikel gelesen? ☐

Glückliche Rinder
auf der Weide? Mache dich
auf die Suche nach
Rindern in deiner Umge-
bung, ob in Ställen oder
auf Weiden. Schieße Fotos
von ihnen und klebe
diese hier ein.

Deutschland ist der größte Milchproduzent der EU. Etwa 45 % der landwirtschaftlichen Betriebe hier halten Milchkühe.

Milchkühe werden nur etwa drei Jahre lang gemolken und durchschnittlich mit 5,4 Jahren zum Schlachter gebracht.

Was ist umweltverträglicher: Kuhmilch oder pflanzliche Milchalternativen?

Wer die Milch macht

Milchkühe haben einen ziemlich harten Job. Sie werden speziell gezüchtet, um möglichst viel Milch zu produzieren. Und das ist eine Menge – etwa 30 bis 60 Liter pro Tag! Damit eine Kuh so viel Milch gibt, muss sie regelmäßig Kälber bekommen. Das heißt, sie wird jedes Jahr aufs Neue künstlich befruchtet. In der Regel werden die Kälber kurz nach der Geburt von ihren Müttern getrennt, damit nicht sie die Milch trinken, sondern wir Menschen sie nutzen können.

Viele Milchkühe verbringen ihr Leben in Ställen und sehen selten eine grüne Weide. Durch die intensive Milchproduktion leiden viele von ihnen unter gesundheitlichen Problemen wie Euterentzündungen und Gelenkschmerzen.

→ Die Kuhmilchproduktion verursacht hohe Treibhausgase-missionen und benötigt viel Land und Wasser. Soja- und insbesondere Haferdrinks haben eine deutlich bessere Umweltbilanz, da sie weniger Treibhausgase und Ressourcen verbrauchen. Mandeldrinks hingegen benötigen viel Wasser, besonders in trockenen Anbaugebieten wie Kalifornien. Reisdrinks erzeugen ebenfalls hohe Emissionen und haben einen hohen Wasserbedarf.

Alternativen zu Kuhmilch werden immer beliebter. Es
gibt sie aus Soja, Hafer, Reis, Nüssen, Erbsen, Kokos
oder aus einem Mix daraus.

Wie du deine
eigene „Milch" aus
Pflanzen selbst
herstellen kannst,
erfährst du auf der
nächsten Seite.

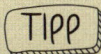

Noch mehr Einblicke in die
Milchkuhhaltung gibt's
hier:

Artikel gelesen? ☐

Haferdrinks schneiden insgesamt am besten ab,
da sie hier bei uns produziert werden können
und dabei relativ wenig Ressourcen benötigen.

Rezept: Pflanzendrink – easy selbstgemacht

DIE ZUTATEN FÜR 1 L:

200 g Mandeln/Cashews/
Haselnüsse/Haferflocken
(Kleinblatt)
1 l Wasser (z. B. calciumreiches stilles Mineral-
wasser)
2 EL Rapsöl
1 Prise Salz (am besten:
jodiertes Salz mit Selen-
zusatz)
optional: 1–2 Datteln für die
Süße

So wird's gemacht:

→ Für Nussdrink gilt: Die Nüsse über Nacht einweichen. Wenn du Haferdrink machen möchtest,
reduziert sich die Einweichzeit auf 30 Minuten.
→ Nach der Einweichzeit das überschüssige Wasser
abgießen.
→ Wasser, Öl, Salz und optional Datteln zu den
eingeweichten Nüssen bzw. den Haferflocken
geben und alles mit einem Mixer pürieren.
→ Bei Bedarf durch ein Sieb oder einen Nussdrink-
beutel filtern.
→ In eine saubere Flasche abfüllen, im Kühlschrank
lagern und vor dem Verzehr gut schütteln. Hält
sich 2 bis 3 Tage im Kühlschrank.

TIPP

Nutze calciumreiches
Wasser und jodiertes Salz
mit Selenzusatz, damit
dein Pflanzendrink einen
ähnlichen Nährstoffgehalt
wie Kuhmilch erhält.

Wie fandest du das Rezept?
Male die Sterne aus.

☆ ☆ ☆ ☆ ☆

Da kommen Meerestiere her

Wenn Fisch auf dem Teller landet, stammt er in den meisten Fällen entweder aus Aquakultur oder aus dem industriellen Wildfang.

Etwa 80 Millionen Tonnen Fisch werden jährlich in der Aquakultur erzeugt und etwa 90 Millionen Tonnen wild gefangen.

Wilder Fischfang

Fischfang assoziieren wir mit Fischerbooten, die in der Morgendämmerung auslaufen und mit prall gefüllten Netzen zurückkehren. Die Realität ist allerdings oft weniger romantisch. Der industrielle Fischfang ist eine globale Industrie, die mit modernen, riesigen Fangflotten operiert. Diese Boote sind mit Netzen ausgestattet, die mehrere Fußballfelder groß sind und Tausende von Fischen auf einmal fangen können. Das Problem dabei: Diese Methoden sind extrem destruktiv für die Meeresökosysteme. Viele Fische, die gefangen werden, sind noch zu jung und hatten noch keine Chance, sich fortzupflanzen. Das bedeutet, sie konnten keine Nachkommen produzieren, was die Überfischung unserer Weltmeere weiter vorantreibt. Zudem sterben unzählige andere Meerestiere als Beifang unnötig in den Netzen.

TIPP

Noch mehr Einblicke in den Wildfischfang gibt's hier:

Artikel gelesen? ☐

Aquakultur

Aquakultur, also die kontrollierte Zucht von Fischen und anderen Meerestieren in Farmen, klingt zunächst wie eine Lösung für die Überfischung. Doch auch hier gibt es viele Probleme. In den Fischfarmen leben die Tiere oft in unnatürlichem Umfeld und dicht gedrängt, was Stress und Krankheiten fördert. Um diese Krankheiten zu bekämpfen, werden häufig Antibiotika eingesetzt, was wiederum zu Resistenzen führen kann. Garnelen werden oft in riesigen Aquakulturen in tropischen Ländern gezüchtet. Mangrovenwälder werden abgeholzt, um Platz für die Becken zu schaffen, was wertvolle Ökosysteme zerstört.
Um die Tiere in der Aquakultur zu füttern, werden wilde Fische gefangen und zu Fischmehl und Fischöl verarbeitet, sodass Aquakultur das ursprüngliche Problem der Überfischung nicht löst, sondern verschärft.

TIPP

Noch mehr Einblicke in die Aquakultur gibt's hier:

Artikel gelesen? ☐

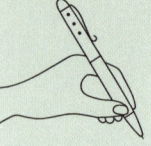

Kennst du dich mit Fischen aus? Ordne diese Bilder der häufigsten Speisefische ihrem Namen zu.

☐ Platz 1: Alaska-Seelachs (Pazifischer Pollack)

☐ Platz 2: Lachs

☐ Platz 3: Thunfisch

☐ Platz 4: Hering

☐ Platz 5: Forelle

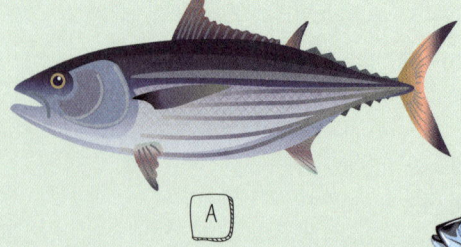

A

B

C

D

E

Lösung: A = Thunfisch; B = Hering; C = Forelle; D = Lachs; E = Alaska-Seelachs

Wer den Honig produziert

Honigbienen sammeln Nektar von Blüten, um Honig herzustellen, der ihnen als Nahrungsquelle dient. Für ein Glas Honig müssen Bienen Millionen von Blüten besuchen und immense Mengen an Arbeit leisten: Sie verändern den Nektar durch Enzyme und trocknen ihn durch Flügelschläge. Imker platzieren ihre Bienenstöcke in blütenreichen Gebieten, damit die Bienen genug Nektar finden. Ein Bienenstock kann im Jahr mehrere Kilo Honig produzieren. Man entnimmt die Waben und schleudert den Honig heraus, filtert ihn und füllt ihn ab.

In der industriellen Honigproduktion werden den Königinnen die Flügel beschnitten, was ihre Bewegungsfreiheit einschränkt, damit sie im Bienenstock bleiben. Und um die Honigproduktion zu maximieren, werden Bienen manchmal mit Zuckerwasser oder Sirup gefüttert, was nicht die Nährstoffe liefert, die sie aus natürlichem Honig erhalten würden.

1 kg Honig verzehren die Deutschen pro Kopf jährlich. Nur 30 % davon kommt aus dem Inland, und 70 % wird importiert, z. B. aus China, Indien, Argentinien und Mexiko. Herkunftskennzeichnungen sind oft unklar, was Betrug erleichtert. Untersuchungen zeigten, dass importierter Honig oft mit Zuckersirup gestreckt ist.

TIPP

Noch mehr Einblicke in die Honigproduktion gibt's hier:

Artikel gelesen? ☐

Mittlerweile gibt es pflanzliche Honigalternativen, die auf Basis verschiedener Zutaten hergestellt werden. Häufig zu kaufen gibt es Honigalternativen aus:

Maniokwurzel

Löwenzahn

Apfel

Die fleißigen Honigbienen sind supereffektive Nektar-sammler und nehmen damit den Wildbienen ihre Lebens-grundlage. Durch unseren Honigkonsum treiben wir also das Wildbienensterben voran. Schuld ist aber auch, dass es immer weniger Grün-flächen gibt.

Seedbombs für blühende Wiesen

DU BENÖTIGST:

1 Teil Samenmischung für bienenfreundliche Pflanzen (z. B. Wildblumenmischung)
5 Teile Tonerdepulver (aus dem Gartencenter)
5 Teile torffreie Blumenerde
eine große Schüssel
etwas Wasser
Zeitungspapier

Saatbomben sind eine großartige Möglichkeit, um kahle Flächen in blühende, bienenfreundliche Wiesen zu verwandeln. Damit kannst du einen kleinen, aber wichtigen Beitrag zum Schutz und zur Förderung von Bienenpopulationen leisten.

So wird's gemacht:

→ Samen, Tonerde und Blumenerde in der Schüssel vermischen.
→ Die Mischung mit ein paar Tropfen Wasser anfeuchten.
→ Alles gut kneten und dann walnussgroße Bällchen formen.
→ Bällchen auf Zeitungspapier legen.
→ 2 Tage lufttrocknen lassen.
→ Die Saatbomben an geeigneten Stellen wie kahlen Flächen verteilen.

Pyramide der Tierausbeutung

Check die weiteren

Im QR-Code findest du Infos zu den folgenden Themen:

- [ ] Pelze
- [ ] Leder
- [ ] Wolle
- [ ] Jagd
- [ ] Angeln
- [ ] Zoo
- [ ] Zirkus

Artikel gelesen? [ ]

In diesem Kapitel hast du die Tierindustrie besser kennengelernt und erfahren, auf wie viele verschiedene Arten und Weisen Tiere in unserer Gesellschaft leben und ausgebeutet werden.

Trage in diese Pyramide ein, was deiner Meinung nach die größten Missstände in der Tierhaltung sind (z. B. Pelzindustrie, Milchviehhaltung, Eierproduktion, Honigproduktion, Zoos ...) Je gravierender du einen Missstand findest, desto höher platzierst du ihn in der Pyramide.

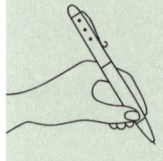

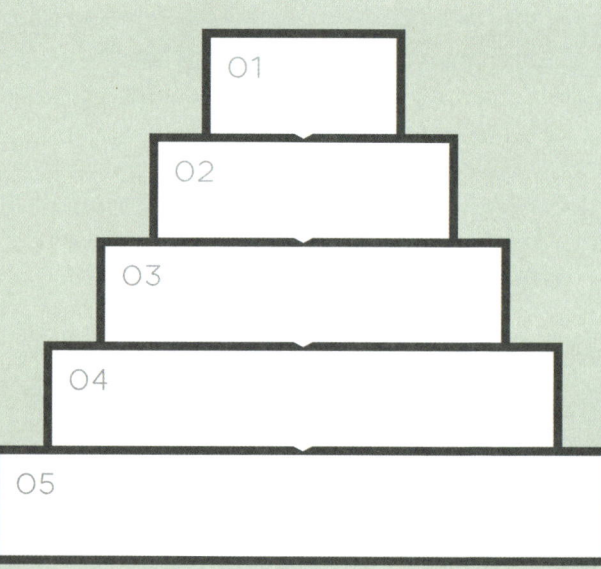

01

02

03

04

05

Die 30-Tage-
Vegan-Challenge

Starte jetzt durch und mache die Welt ein Stück besser – einen Bissen nach dem anderen!

Egal, ob Newbie, Climber oder Pro – bist du bereit für eine Vegan-Challenge? Als Newbie wirst du mit einer Mischung aus Infomaterial, einfachen Rezepten, Videotipps und Tricks für den Alltag Schritt für Schritt durch die Welt des Veganismus geführt. Du wirst sehen, wie einfach es ist, ohne tierische Produkte aus-zukommen und dabei leckere Mahlzeiten zu genießen. Nach der Challenge hast du dann das Climber-Level erreicht!
Falls du schon Climber und sogar Pro bist, kannst du in der Challenge dein Know-how im Quiz testen, Wissenslücken füllen und neue Do-it-yourself-Projekte ausprobieren.

Challenge-Tag 1:
Was ist eigentlich dieser Veganismus?

**Definition der Vegan Society,
frei übersetzt aus dem Englischen:**

Veganismus ist eine Philosophie und Lebensweise, die versucht –
soweit es möglich und praktisch durchführbar ist –, alle Formen
der Ausbeutung von und Grausamkeit gegenüber Tieren für die
Ernährung, für Kleidung oder für andere Zwecke zu vermeiden.

Wichtige Begriffe erklärt:

Philosophie und Lebensweise: Veganismus ist eine tierethisch motivierte Lebensweise. Vegan zu leben ist eine
ethische Haltung, also keine reine Ernährungsweise, eine
Diät, ein Trend oder eine Lösung für Umweltprobleme.

Ausbeutung und Grausamkeit: Damit ist gemeint, dass
wir Tiere ungerecht für ihre Arbeit und ihre Produkte
ausnutzen und ihnen dabei bewusst Schmerzen und
Leid zufügen.

Soweit es möglich und praktisch durchführbar ist:
Veganismus verlangt nicht von dir, dass du dich absolut
selbst aufopferst. Du sollst nicht auf lebensnotwendige
Medizin oder auf essenzielle Dinge wie einen Computer
verzichten, weil sie mithilfe von tierischen Produkten
hergestellt wurden. Manchmal kann auch einfach nicht
festgestellt werden, ob ein Produkt tierische Stoffe enthält (wie bei Kleber in Büchern und Etiketten, Technik
oder gewachstem Obst beim Hotelfrühstück). Oder eine
schwere Erkrankung macht es unmöglich, sich 100 %
pflanzlich zu ernähren.

→ Vegan bedeutet den Verzicht auf alle tierischen Produkte, sowohl in der Ernährung als auch sonst im Alltag. Wer von „plant based" spricht, meint speziell die Ernährung, die hauptsächlich aus Pflanzen besteht; oft spricht man synonym von einer „pflanzlichen Ernährung".

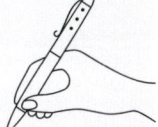

Kennst du den Unterschied zwischen „vegan" und „plant based"?

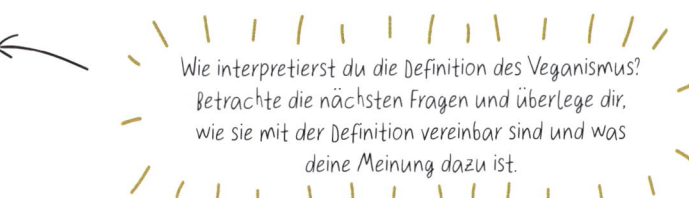

Wie interpretierst du die Definition des Veganismus? Betrachte die nächsten Fragen und überlege dir, wie sie mit der Definition vereinbar sind und was deine Meinung dazu ist.

Marie ist Veganerin. Sie ist mit dem Auto unterwegs. Ein Feldhase überquert plötzlich die Straße, doch es ist zu spät, um zu bremsen, und zu gefährlich, um auszuweichen. Der Feldhase wird überfahren. Ist Marie trotz des unvermeidbaren Unfalls noch vegan?

———

———

Marie entdeckt online auf einer Kleinanzeigenplattform eine gebrauchte Lederjacke, die sie richtig schön findet. Ihr fehlt noch eine gute Jacke für den Herbst. Wäre es im Sinne des Veganismus, wenn sie die Lederjacke gebraucht kauft?

———

———

Marie ist im Urlaub und übernachtet in einem Hotel. Das Frühstücksbüffet ist reichlich gedeckt, sie findet aber wenig vegane Auswahl. Nach einigen Tagen Brötchen mit Marmelade hat sie die Nase voll und greift zu einem Schnittkäse als Brötchenbelag. Ist das im Sinne des Veganismus?

———

———

Mögliche Antworten findest du ab S. 103.

Challenge-Tag 2:
Gute Gründe, um vegan(er) zu leben

1,47 Millionen Menschen in Deutschland leben vegan
(Stand 2024). Hier sind die bedeutendsten Gründe,
warum sich so viele für diesen Lebensstil entschieden
haben:

Aus ethischer Überzeugung: Nach der offiziellen Definition ist der Veganismus eine tierethisch motivierte
Lebensweise. Viele Menschen glauben, dass es mora-
lisch falsch ist, Tiere für den menschlichen Konsum
auszubeuten und zu töten. Diese Überzeugung führt
sie dazu, tierische Lebensmittel und andere tierische
Konsumgüter abzulehnen und eine Lebensweise zu
wählen, welche die Interessen der Tiere berücksichtigt.

Aus Gesundheitsgründen: Eine ausgewogene pflan-
zenbasierte Ernährung kann viele gesundheitliche
Vorteile bieten. Sie kann das Risiko für Herz-Kreis-
lauf-Krankheiten und Diabetes Typ 2 senken, während
eine stark fleischlastige Ernährung das Risiko für
Darmkrebs erhöhen kann. Pflanzliche Lebensmittel
haben oft eine günstigere Zusammensetzung von Bal-
laststoffen, Vitaminen, Mineralstoffen und sekundären
Pflanzenstoffen. Aber: Es gibt keine wissenschaftlichen
Beweise dafür, dass eine rein vegane Ernährung mehr
Gesundheitsvorteile hat als eine „normale" Ernährungsweise.

Aus Nachhaltigkeitsgründen: Die Produktion von tierischen Lebensmitteln belastet unsere Umwelt stark.
Sie verbraucht große Mengen Wasser, Land und Energie und verursacht hohe Treibhausgasemissionen. Eine
vegane Ernährung kann die Umwelt entlasten. Aber:

Es gibt auch viele Möglichkeiten, Tiere umweltscho-
nend auszubeuten und zu quälen (z. B. Angeln und
Jagen). Einige Modelle zur Welternährung zeigen, wie
wir trotz des Konsums tierischer Produkte nachhaltig
auf unserer Erde leben können.

Aus gesundheitlicher und ökologischer Sicht
lohnt es sich, weniger Tierisches zu konsumieren.
Aber für eine 100 % vegane Ernährung geben
ethische Argumente den Ausschlag.

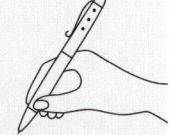

Was sind deine eigenen Gründe und deine Motivation, dich
mit dem Veganismus zu beschäftigen? Warum möchtest du
vegan(er) leben? Schreibe deine Gedanken auf.

_____

_____

_____

_____

In Deutschland werden
momentan etwa 700 Milli-
onen Tiere für Ernährungs-
zwecke genutzt. Jedes Jahr
werden etwa 750 Millionen
Tiere geschlachtet, das
sind mehr als zwei Millionen Tiere jeden Tag. Nur in
Deutschland.

_____

_____

_____

_____

_____

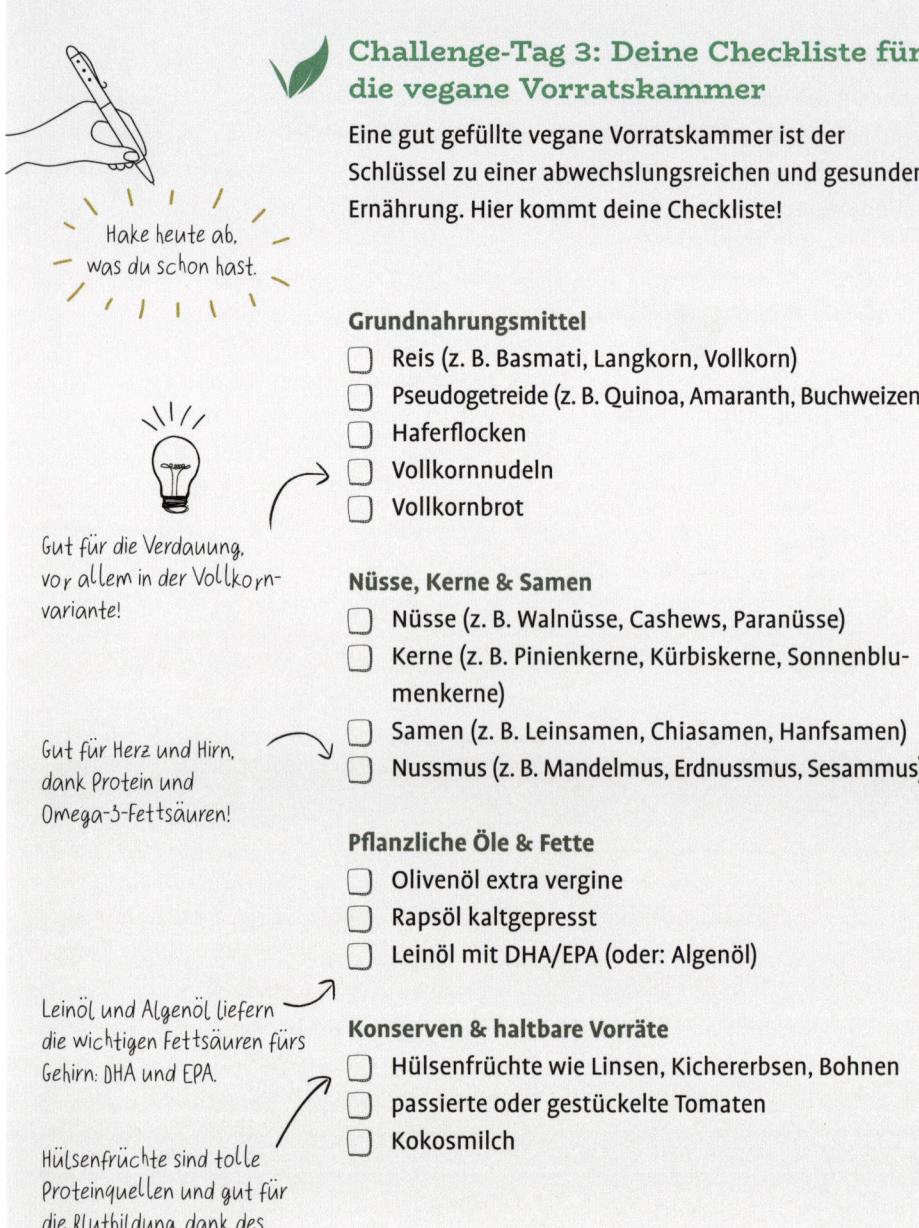

Hake heute ab,
was du schon hast.

Gut für die Verdauung,
vor allem in der Vollkorn-
variante!

Gut für Herz und Hirn,
dank Protein und
Omega-3-Fettsäuren!

Leinöl und Algenöl liefern
die wichtigen Fettsäuren fürs
Gehirn: DHA und EPA.

Hülsenfrüchte sind tolle
Proteinquellen und gut für
die Blutbildung, dank des
hohen Eisengehaltes!

Challenge-Tag 3: Deine Checkliste für die vegane Vorratskammer

Eine gut gefüllte vegane Vorratskammer ist der Schlüssel zu einer abwechslungsreichen und gesunden Ernährung. Hier kommt deine Checkliste!

Grundnahrungsmittel

- [ ] Reis (z. B. Basmati, Langkorn, Vollkorn)
- [ ] Pseudogetreide (z. B. Quinoa, Amaranth, Buchweizen)
- [ ] Haferflocken
- [ ] Vollkornnudeln
- [ ] Vollkornbrot

Nüsse, Kerne & Samen

- [ ] Nüsse (z. B. Walnüsse, Cashews, Paranüsse)
- [ ] Kerne (z. B. Pinienkerne, Kürbiskerne, Sonnenblumenkerne)
- [ ] Samen (z. B. Leinsamen, Chiasamen, Hanfsamen)
- [ ] Nussmus (z. B. Mandelmus, Erdnussmus, Sesammus)

Pflanzliche Öle & Fette

- [ ] Olivenöl extra vergine
- [ ] Rapsöl kaltgepresst
- [ ] Leinöl mit DHA/EPA (oder: Algenöl)

Konserven & haltbare Vorräte

- [ ] Hülsenfrüchte wie Linsen, Kichererbsen, Bohnen
- [ ] passierte oder gestückelte Tomaten
- [ ] Kokosmilch

Gewürze & Aromen

- [ ] jodiertes Speisesalz (optional: mit Selenzusatz)
- [ ] Gewürze wie Pfeffer, Paprikapulver, Curry, Zimt
- [ ] mediterrane Kräuter (z. B. Oregano, Basilikum, Thymian)
- [ ] Hefeflocken
- [ ] Essig (z. B. Apfelessig, Balsamicoessig)
- [ ] Würzmittel wie „Kala Namak"-Salz, Liquid Smoke, Worcestershiresoße
- [ ] Nori-Algen-Flocken

Hefeflocken verleihen Speisen einen herzhaften, käsigen Geschmack und liefern gleichzeitig B-Vitamine.

Süßungsmittel & Backzutaten

- [ ] pflanzlicher Sirup (z. B. Ahornsirup, Agavendicksaft)
- [ ] Backpulver
- [ ] Mehl (z. B. Vollkornmehl, Weizenmehl, Dinkelmehl)
- [ ] Apfelmark
- [ ] Pflanzendrinks (z. B. Hafermilch, Sojamilch)

Apfelmark kann beim Backen das Ei ersetzen. Mehr Ideen, um Eier zu ersetzen, findest du auf S. 137.

Schreibe hier deine veganen Lieblingssnacks auf!

Und natürlich darf auch der Spaß nicht zu kurz kommen! Vegane Snacks sind perfekt, um zwischendurch den Hunger zu stillen.

Challenge-Tag 4:
Die vegane Einkaufsliste

Jetzt, wo du weißt, was eine vegane Vorratskammer enthalten sollte, wird es Zeit für einen rein veganen Einkauf!

Clever einkaufen – so geht's

Beim veganen Einkauf ist es wichtig, einen Plan zu haben. Eine gut strukturierte Einkaufsliste hilft dabei, den Überblick zu behalten und sicherzustellen, dass du nichts Wichtiges vergisst. Indem du deine Liste nach den typischen Bereichen im Supermarkt sortierst, sparst du nicht nur Zeit, sondern auch Nerven. Damit gehst du gezielt durch die Regale und musst nicht ständig hin- und herlaufen.

Aber was sollte auf deine Einkaufsliste? Denke an die Basics, die du schon in deiner Vorratskammer hast, und ergänze sie mit frischen Lebensmitteln und Kühlwaren. Schau, welche Zutaten du für deine geplanten Gerichte brauchst und welche Leckereien du dir vielleicht noch gönnen möchtest.

TIPP

Auf diesen Seiten kann man prima online vegan einkaufen:

Kokku   Velivery

Kaufe saisonales Obst und Gemüse aus deiner Region! Das ist günstig & umweltfreundlich. Inspiration gibt der Saisonkalender ab S. 126.

Nutze den Spickzettel auf S. 134 beim Einkauf.

Achte beim Einkauf auf die verschiedenen offiziellen Vegan-Label.

Frisches Obst & Gemüse:

_____

_____

_____

_____

_____

_____

Konserven:

_____

_____

_____

_____

_____

_____

Tiefkühlfach:

_____

_____

_____

_____

_____

_____

Nüsse, Samen, Trocken-
früchte: _____

_____

_____

_____

_____

Gewürze & Aromen:

_____

_____

_____

_____

_____

Snacks & Süßes:

_____

_____

_____

_____

_____

Getreide & Hülsenfrüchte:

_____

_____

_____

_____

_____

Kühltheke: _____

_____

_____

_____

_____

Sonstiges: _____

_____

_____

_____

_____

*Hier findest du die Einkaufs-
liste als Download.*

TEST - WELCHER TYP BIST DU?

Machst du eher
Babysteps oder no
Excuses?

Challenge-Tag 5:

Jede Person hat ihren eigenen Weg, vegan(er) zu
werden. Manche mögen es, sich langsam an Veränderungen zu gewöhnen, während andere lieber direkt
ins kalte Wasser springen und sofort alles umstellen.
Beide Ansätze sind vollkommen okay – wichtig ist nur,
dass du deinen individuellen Weg findest. Dieses Quiz
hilft dir dabei.

1. Welche Erfahrung hast du bisher mit fleischloser Ernährung?

A Ich habe sie hin und wieder ausprobiert, aber ich esse
noch regelmäßig Fleisch und tierische Produkte.

B Ich esse schon meistens vegetarisch/vegan oder
habe es zumindest intensiv ausprobiert.

2. Wie reagierst du auf größere Ver-änderungen in deinem Leben?

A Ich nehme mir gerne Zeit, um mich anzupassen, und
überlege mir jeden Schritt gut.

B Ich liebe Veränderungen und tauche gerne direkt in
neue Herausforderungen ein.

3. Was kochst und isst du am liebsten?

A Ich koche am liebsten meine Standardgerichte und
probiere eher selten Neues aus.

B Ich bin öfter experimentierfreudig und probiere
gerne neue Rezepte und Küchenstile aus.

4. Wie steht es um deine Motivation für eine vegane Ernährung?

A Ich interessiere mich dafür, aber ich brauche noch etwas Zeit, um mich voll darauf einzulassen.

B Ich bin hochmotiviert und möchte meine Ernährung so schnell wie möglich komplett umstellen.

5. Wie gehst du mit Rückschlägen um?

A Ich nehme sie als Teil des Prozesses und versuche, es beim nächsten Mal besser zu machen.

B Ich bin fest entschlossen, weiterzumachen, egal was passiert.

6. Wie leicht fällt es dir, Gewohnheiten zu ändern?

A Ich hänge an meinen Routinen und meinen Gewohnheiten und brauche etwas Zeit, um sie zu ändern.

B Wenn ich mich einmal entschieden habe, ziehe ich es durch.

7. Wie informierst du dich über vegane Ernährung?

A Ich lese ab und zu etwas darüber, wenn es mir in die Hände fällt.

B Ich recherchiere intensiv und bin immer auf dem neuesten Stand.

Kreuze die passendere Antwort an und zähle am Ende durch: Hast du öfter Antwort A oder B gewählt?

Mehr A's – Babysteps-Typ:

Du gehst Veränderungen schrittweise an. Für dich ist es wichtig, dass der Übergang zur veganen Ernährung nicht stressig wird. Mit kleinen Schritten kommst du sicher ans Ziel. Du probierst neue Dinge aus und machst dir keinen Druck. Immer einen Fuß vor den anderen!

Mehr B's – No-Excuses-Typ:

Du machst keine halben Sachen. Wenn du dich für etwas entschieden hast, dann ziehst du es durch – ohne Ausreden. Du stürzt dich voller Energie in den veganen Lebensstil und bist bereit, sofort alles umzustellen. Mit deiner Entschlossenheit kommst du schnell voran, ganz ohne Kompromisse.

Challenge-Tag 6: Zaubere aus Resten ein veganes Gericht!

Kennst du das, wenn der Kühlschrank halb leer ist und nur noch ein paar einsame Reste darauf warten, verwendet zu werden? Anstatt sie zu vergessen und später wegzuwerfen, kannst du daraus etwas leckeres Veganes zaubern. Das Beste am Restekochen: Es gibt keine festen Regeln! Du kannst alles nach deinem Geschmack kombinieren und neue Lieblingsgerichte kreieren. Du wirst staunen, wie vielseitig die Zutaten, die du noch hast, sein können.

Mit der App „Zu gut für die Tonne" bekommst du Rezepttipps für deine übrig gebliebenen Zutaten.

Meine Tipps für kreatives Restekochen:

1. **Gefrorene Gemüsemischungen als Retter in der Not:** Du hast nur noch ein paar frische Reste, aber nicht genug für eine vollständige Mahlzeit? Kein Problem! Gefrorene Gemüsemischungen sind eine super Ergänzung. Sie sind lange haltbar und helfen dir, Reste sinnvoll zu kombinieren und aufzupeppen. Einfach mit in die Pfanne werfen, und schon hast du eine bunte, vitaminreiche Basis.
2. **Bowls für alle Fälle:** Bowls sind die perfekte Lösung, wenn du verschiedene Reste hast. Reis, Quinoa, Couscous oder Nudeln als Basis, dazu buntes Gemüse, Hülsenfrüchte oder Tofu – und obendrauf ein leckeres Dressing oder eine Soße.
3. **Aufläufe und Gratins:** Alles, was du noch an gekochtem Gemüse, Kartoffeln oder Nudeln hast, lässt sich wunderbar zu einem Auflauf oder Gratin verarbeiten. Ein paar Gewürze, pflanzliche Sahne oder Tomatensoße und vielleicht ein bisschen veganer Käse obendrauf – ab in den Ofen damit!

4. **Pfannkuchen und Wraps:** Einfache Pfannkuchen oder Wraps lassen sich hervorragend mit Resten füllen. Egal ob Gemüse, Bohnen oder Reste von Eintöpfen und Salaten – alles macht sich darin gut. Schnell zusammengerollt oder gefaltet, und schon hast du ein schnelles und leckeres Gericht.

5. **Suppen und Currys aus allem, was da ist:** Eine Suppe oder ein Curry ist ideal, um viele verschiedene Reste auf einmal zu verarbeiten. Mit den richtigen Gewürzen und einer guten Brühe entsteht daraus ein sättigendes Gericht.

6. **Soßen und Dips:** Übrig gebliebenes Gemüse oder gekochte Hülsenfrüchte kannst du im Mixer mit Gewürzen und pflanzlicher Milch zu einer cremigen Soße oder einem Dip verarbeiten. Perfekt für Pasta, auf Brot oder als Beilage.

7. **Behalte die Basics im Vorrat:** Wenn du Gewürze, pflanzliche Milch, Konserven, gefrorene Gemüsemischungen und ein paar Nüsse oder Samen im Vorrat hast, kannst du aus fast allem noch ein leckeres Gericht machen.

Koche heute mit Resten aus deinem Kühlschrank! Welches Gericht zauberst du daraus?

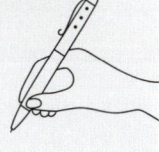

_____

_____

_____

_____

_____

Challenge-Tag 7: Finde vegane Restaurants in deiner Nähe!

Heutzutage müssen Veganer*innen nicht mehr auf den Restaurantbesuch verzichten! Egal, ob du in einer Großstadt oder einem kleineren Ort lebst, mit den richtigen Tricks und Tools kannst du überall leckere vegane Gerichte finden und genießen. Mach dich bereit für eine kulinarische Entdeckungsreise!

Hier meine Tipps:

Die Restaurantbewertungen auf Google lassen sich auch nach dem Wort „vegan" filtern.

1. **Apps und Websites nutzen:** Google Maps ist ein echter Helfer, wenn es darum geht, vegane Restaurants in deiner Nähe zu finden. Einfach deine Stadt lokalisieren, „vegan" in die Suchleiste eingeben und schauen, was in deiner Umgebung angeboten wird.

2. **Social Media durchstöbern:** Instagram und TikTok sind voller Tipps zu veganen Foodspots. Suche nach Hashtags wie #vegan[deinestadt] oder folge lokalen Veganer*innen.

3. **Restaurants mit veganen Optionen entdecken:** Nicht jedes Restaurant ist komplett vegan, aber viele bieten vegane Optionen an. Ein Blick in die Speisekarte online verrät dir oft schon, ob es was Passendes gibt.

4. **Sei in einem mischköstlichen Restaurant kreativ mit den Beilagen:** Viele Restaurants bieten einzeln bestellbare Beilagen an, und einige Beilagen sind vegan. Kombiniere sie zu einem vollständigen Gericht!

5. **Spreche mit dem Personal:** Frage höflich nach veganen Alternativen oder bitte darum, ein Gericht vegan zuzubereiten. Oft lassen sich Tierprodukte leicht abbestellen oder durch pflanzliche Optionen ersetzen.

Meine App-Tipps

Happy Cow App

Future Maps App

6. **Salate und Pasta pimpen:** In vielen Restaurants gibt es Salate oder Pasta-Gerichte, die schnell vegan gemacht werden können. Frag einfach nach, ob das Tierische weggelassen oder durch Avocado, Nüsse oder extra Gemüse ersetzt werden kann.

7. **Exotische Küche probieren:** In asiatischen, indischen oder orientalischen Restaurants findest du oft von Haus aus vegane Optionen – von Currys über Reisgerichte bis hin zu veganen Sushi-Variationen. Wenn du dir unsicher bist, frag einfach nach.

Halte deine Restaurant-entdeckungen fest!

Restaurantname und Adresse:			
komplett **vegan**, **vegetarisch** oder **mischköstlich**?	☐ ☐ ☐	☐ ☐ ☐	☐ ☐ ☐
Vegane Optionen:			
Bewertung:	☆ ☆ ☆ ☆ ☆	☆ ☆ ☆ ☆ ☆	☆ ☆ ☆ ☆ ☆
Was hat dir besonders geschmeckt?			

Challenge-Tag 8: Veganisiere dein Lieblingsgericht!

Der Gedanke, auf die Lieblingsgerichte zu verzichten, kann einen schon ins Grübeln bringen, wenn man sich für die vegane Ernährung entscheidet. Aber die gute Nachricht ist: Mit ein paar Tricks und passenden Alternativen kannst du fast jedes Gericht, das du liebst, veganisieren – und dabei trotzdem den vollen Geschmack und die Nährstoffe genießen.

Wenn du in deinem Supermarkt nicht fündig wirst, mach dich im Internet auf die Suche nach Rezepten, um einen Ersatz selbst herzustellen.

TIPP

Tipps zum Ersetzen von tierischen Lebensmitteln findest du auf S. 138.

Seitan-Tipps gibt es übrigens an Challenge-Tag 20.

Hier meine Tipps:

1. **Ersetzen mit Ersatzprodukten:** Für die meisten tierischen Produkte wie Fleisch, Milch, Sahne, Butter und Käse gibt es viele pflanzliche Alternativen zu kaufen, die mindestens genauso lecker sind wie das Original. Oder stelle dein Ersatzprodukt selbst her, statt es zu kaufen. So weißt du immer, was drin ist, und kannst Konsistenz und Geschmack selbst steuern. Sahne lässt sich z. B. ganz einfach aus Wasser und eingeweichten Nüssen mixen. Aus gekochten Kartoffeln, Hefeflocken und etwas Nussmus wird eine cremige „Käsesoße". Und mit Seitan-Fix lässt sich würziger Fleischersatz herstellen.

2. **Gewürze sind das Wichtigste:** Um den Umami-Geschmack (herzhaft, fleischig) zu erreichen, setze auf Gewürze wie Sojasoße, Rauchsalz, Liquid Smoke oder Misopaste. Sie geben deinen Gerichten eine tiefe, würzige Note, wie du sie von tierischen Produkten gewohnt bist. Fischgeschmack lässt sich gut durch Algen imitieren. Für den schwefeligen Eigeschmack gibt es das „Kala Namak"-Salz. Besonders käsig schmecken Hefeflocken.

3. **Für Pros:** Wenn du im Veganisieren schon geübt bist, dann kannst du auch auf die Nährstoffe achten! Denn beim Veganisieren geht es nicht nur um den Geschmack, sondern auch um den Nährwert. Achte darauf, dass deine Gerichte ausgewogen sind und genügend Proteinquellen beinhalten. Nutze, wo es möglich ist, mit Nährstoffen angereicherte Ersatzprodukte wie calciumangereicherte Pflanzendrinks und Käsealternativen mit zugesetztem Vitamin B12.

Infos zu den kritischen Nährstoffen findest du auf S. 63.

Veganisiere dein nicht-veganes Lieblingsgericht!

Rezeptname: _____ ☆ ☆ ☆ ☆ ☆

Zutaten:

Tierische Zutat	Pflanzliche Alternative

Zubereitung: _____

_____

_____

Wie war das Ergebnis? Würdest du es wieder so machen oder etwas ändern?

_____

_____

Challenge-Tag 9: Sieh dir eine vegane Doku an!

Achtung: Einige der Szenen können verstörend wirken!

Auf deinem Weg zur veganen Ernährung können Dokumentationen wertvolle Einblicke in die Tierhaltung geben. Also schnapp dir einen Snack und sieh dir diese Empfehlungen an!

Schon angesehen?

☐   **„Dominion" (2018, deutsche Synchronisation)**
Diese Doku zeigt den Alltag in der Tierindustrie. Mit Drohnen und versteckten Kameras wird das Leiden der Tiere in Fleisch- und Milchfarmen, Schlachthäusern und der Pelzindustrie aufgedeckt. „Dominion" zwingt uns, die ethischen Fragen hinter unserem Konsumverhalten zu reflektieren, und gibt einen tiefen Einblick in die Realität, die oft verborgen bleibt.

☐   **„Lucent" (2014, englischer Originalton)**
„Lucent" beleuchtet die Schweineindustrie in Australien und zeigt, wie systematisch Tiere ausgebeutet werden. Diese Doku geht unter die Haut und zeigt eindrucksvoll, wie das Leben von Millionen Tieren durch den menschlichen Konsum geprägt wird. Sie ist wichtig für alle, die sich mit der ethischen Seite des Veganismus auseinandersetzen möchten.

☐   **„Vorzeigebetrieb UNDERCOVER infiltriert – Das bedeutet es Ei zu essen" (2023)**
Diese Doku des Biologen und YouTubers Robert Marc Lehmann nimmt dich mit in einen Vorzeigebetrieb für Legehennenhaltung. Sie zeigt die Realität hinter den Kulissen der Eierproduktion und wie Hennen in solchen Betrieben unter massiven Einschränkungen und Leid leben.

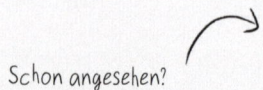

TIPP

Leckere vegane Snacks für Filmabende sind z. B.: Popcorn, Edamame mit Chili, Nachos mit Guacamole, Pizza-Rolls, Brownie-Bites, Blumenkohl-Buffalo-Wings, Wasabi-Nüsse, Süßkartoffelchips mit Soja-Sour-Cream, Mini-Frühlingsrollen, Bananen-Sushi mit Erdnussbutter.

☐ **„Nach diesem Video wirst DU dich schämen ein Mensch zu sein" (2023)**

 In dieser Doku zeigt Robert Marc Lehmann die Bedingungen in einem Schweine-Vorzeigebetrieb auf. Du wirst erfahren, wie Schweine in solchen Betrieben tatsäch-lich leben.

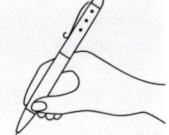

Nachdem du eine der Dokus gesehen hast, nimm dir ein paar Minuten Zeit, um deine Gedanken und Gefühle dazu festzuhalten. Notiere alles, was dir wichtig erscheint.

Datum: _____

Titel der Doku: _____

Was hat dich am meisten bewegt? _____

_____

Was hat dich überrascht? _____

_____

Hat die Doku deine Sichtweise verändert? Und wenn ja, inwiefern? _____

_____

Was möchtest du als Nächstes tun oder ändern? _____

_____

Challenge-Tag 10: Die vegane Ernährungspyramide

Die vegane Ernährungspyramide zeigt dir, welche Lebensmittelgruppen in welchen Mengen auf deinem Teller landen sollten, damit du alle wichtigen Nährstoffe bekommst und dich rundum wohlfühlst.

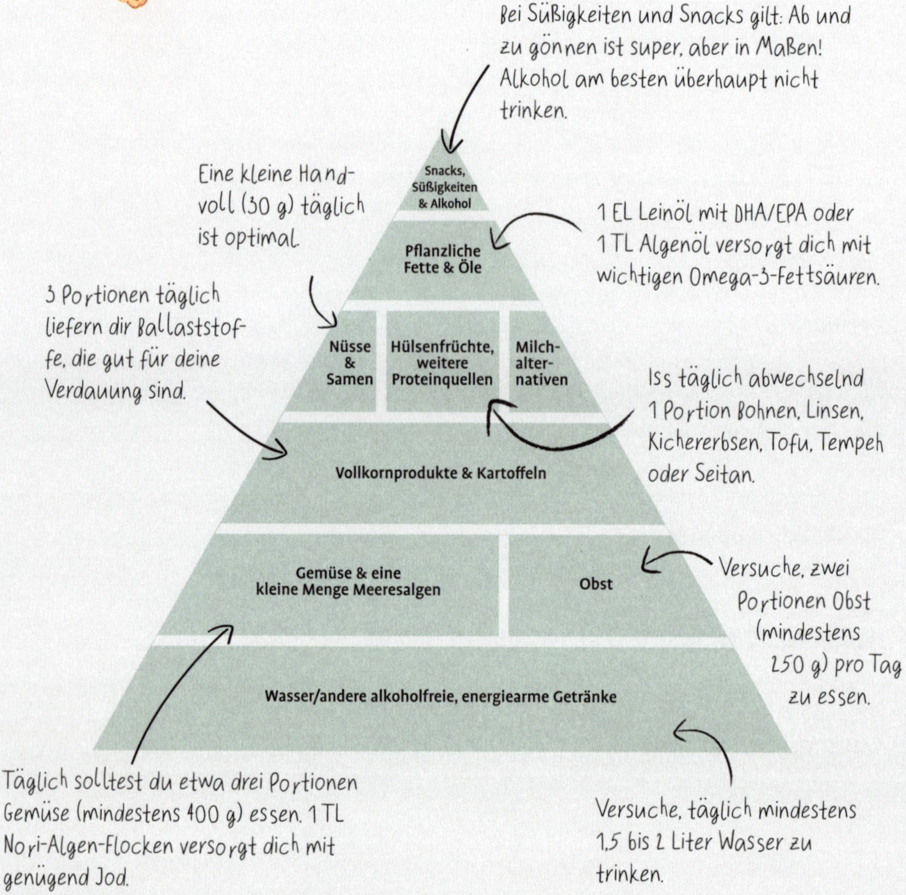

Bei Süßigkeiten und Snacks gilt: Ab und zu gönnen ist super, aber in Maßen! Alkohol am besten überhaupt nicht trinken.

Eine kleine Handvoll (30 g) täglich ist optimal.

1 EL Leinöl mit DHA/EPA oder 1 TL Algenöl versorgt dich mit wichtigen Omega-3-Fettsäuren.

3 Portionen täglich liefern dir Ballaststoffe, die gut für deine Verdauung sind.

Iss täglich abwechselnd 1 Portion Bohnen, Linsen, Kichererbsen, Tofu, Tempeh oder Seitan.

Versuche, zwei Portionen Obst (mindestens 250 g) pro Tag zu essen.

Snacks, Süßigkeiten & Alkohol

Pflanzliche Fette & Öle

Nüsse & Samen | **Hülsenfrüchte, weitere Proteinquellen** | **Milchalternativen**

Vollkornprodukte & Kartoffeln

Gemüse & eine kleine Menge Meeresalgen | **Obst**

Wasser/andere alkoholfreie, energiearme Getränke

Täglich solltest du etwa drei Portionen Gemüse (mindestens 400 g) essen. 1 TL Nori-Algen-Flocken versorgt dich mit genügend Jod.

Versuche, täglich mindestens 1,5 bis 2 Liter Wasser zu trinken.

Teste dich: Wie gesund ernährst du dich schon?

1. Wie oft isst du frisches Obst und Gemüse?

- A mehrmals täglich
- B täglich, aber eher wenig
- C nur gelegentlich

Kreuze die passendste Antwort an und zähle am Ende durch: Hast du öfter Antwort A, B oder C gewählt?

2. Welche Kohlenhydrate landen bei dir am häufigsten auf dem Teller?

- A Vollkornprodukte & Kartoffeln
- B Mischkost aus Vollkorn & Weißmehlprodukte
- C hauptsächlich Weißmehlprodukte wie helle Nudeln oder Brot

3. Wie oft isst du Hülsenfrüchte oder andere pflanzliche Proteinquellen?

- A fast täglich
- B ein paar Mal pro Woche
- C selten oder gar nicht

4. Welche Fettquellen verwendest du hauptsächlich?

- A pflanzliche Öle und gesunde Fette wie Avocado und Nüsse
- B Ich achte gar nicht so sehr auf meine Fettquellen.
- C Ich esse oft Frittiertes und nutze beim Kochen viel Öl.

5. Wie oft gönnst du dir vegane Süßigkeiten oder Snacks?

- A selten, als besondere Belohnung
- B regelmäßig, aber in Maßen
- C oft, manchmal auch aus Langeweile

Mehr A's – Du achtest offensichtlich sehr auf eine ausgewogene vegane Ernährung und versorgst deinen Körper mit allem, was er braucht. Weiter so!

Mehr B's – Du bist auf einem guten Weg, aber es gibt Optimierungsbedarf. Vielleicht könntest du mehr frische Lebensmittel in deinen Alltag integrieren oder auf die Qualität der Fette achten?

Mehr C's – Es sieht so aus, als könnte deine Ernährung etwas mehr Aufmerksamkeit gebrauchen. Überlege, wie du mehr gesunde, vollwertige Lebensmittel in deinen Alltag einbauen kannst. Orientiere dich an der Ernährungspyramide!

Challenge-Tag 11: Der vegane Teller

Stell dir deinen Teller wie eine bunte Mischung aus verschiedenen Lebensmitteln vor: Der Großteil sollte aus frischem Gemüse und Obst bestehen, ein Viertel aus gesunden Kohlenhydraten wie Vollkornprodukten oder Kartoffeln und ein weiteres Viertel aus pflanzlichen Proteinquellen wie Hülsenfrüchten und Tofu. Ergänze deine Mahlzeit mit gesunden Fetten, z. B. aus Nüssen, Avocado oder Olivenöl. Auch ein bisschen was Süßes darf auf deinem Teller Platz finden. Nahrungsergänzungsmittel sollten in der veganen Ernährung nicht fehlen. Trinke dazu ausreichend Wasser oder andere energiearme Getränke.

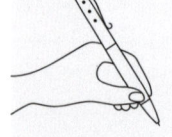

Jetzt bist du dran! Wie sieht bzw. sah dein veganer Teller heute aus? Oder: Welche Lebensmittel enthält dein idealer veganer Teller? Zeichne in die Vorlage hinein.

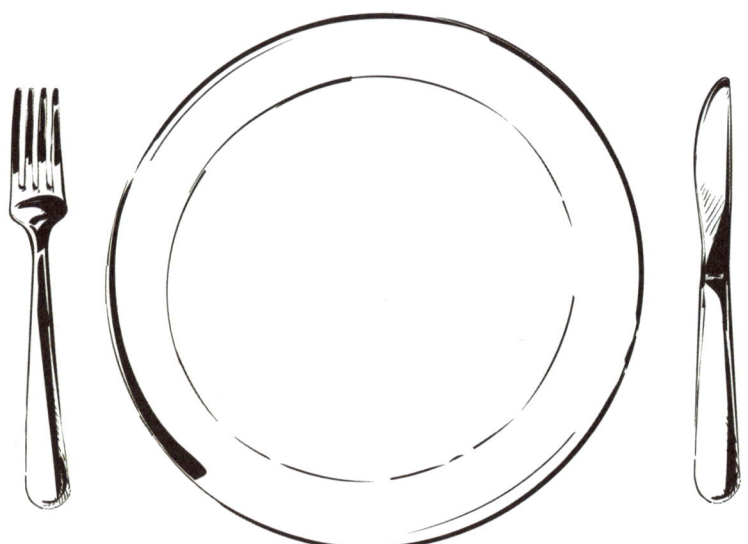

Challenge-Tag 12: Dein veganer Wochenplan

Jetzt, wo du dir ein solides Wissen über Resteverwertung, die vegane Ernährungspyramide und den idealen veganen Teller angeeignet hast, ist es Zeit, dieses Wissen in die Praxis umzusetzen. Ein veganer Mahlzeitenplan hilft dir, dein Essen für die nächsten Tage im Voraus zu planen. So kannst du sicherstellen, dass du dich ausgewogen ernährst und gleichzeitig kreativ mit deinen Zutaten umgehst. Du kannst dabei all die Tipps anwenden, die du in den letzten Challenges gelernt hast.

Wie erstellt man einen veganen Ernährungsplan?

1. **Überlege dir deine Mahlzeiten:** Wie könnten deine Hauptmahlzeiten – Frühstück, Mittagessen und Abendessen – für die nächsten Tage aussehen? Denke dabei an den idealen veganen Teller: viel Gemüse, gesunde Kohlenhydrate und pflanzliche Proteine. Plane auch Snacks für zwischendurch ein.

2. **Plane abwechslungsreich:** Anstatt jeden Tag dieselben Lebensmittel zu essen, wechsele zwischen verschiedenen Hülsenfrüchten, Gemüsesorten und Getreiden ab. Das stellt sicher, dass du alle wichtigen Nährstoffe bekommst.

3. **Check deine Vorratskammer:** Was hast du schon da? Was musst du noch einkaufen? Notiere dir die Zutaten, die du für deine geplanten Mahlzeiten benötigst. Plane Reste aus dem Kühlschrank mit ein.

Hier gibt's den Blanko-Wochenplan als Download:

4. **Berücksichtige die Zubereitungszeit:** Bedenke auch, wann du Zeit zum Kochen hast. Wenn du weißt, dass du unter der Woche wenig Zeit hast, plane einfache Gerichte ein oder koche an einem freien Tag vor.

5. **Sei effizient:** Plane so, dass du Reste vom Abend-essen am nächsten Tag fürs Mittagessen nutzen kannst. Das spart Zeit und reduziert Lebensmittel-verschwendung.

6. **Flexibel bleiben:** Ein Wochenplan ist kein strenger Fahrplan. Wenn dir mal nicht nach dem geplanten Gericht ist oder du etwas improvisieren musst, ist das völlig okay. Der Plan soll helfen, nicht stressen!

Plane deine Mahl-zeiten für die kommende Woche!

	FRÜHSTÜCK	LUNCH	DINNER	SNACKS
Mo				
Di				
Mi				
Do				
Fr				
Sa				
So				

Challenge-Tag 13: Werde kreativ mit Tofu!

Hast du schon mal Tofu probiert? Tofu ist nichts anderes als Quark aus Sojabohnen! Er ist ein Grundnahrungsmittel in vielen Kulturen und eine fantastische pflanzliche Proteinquelle. Ohne die richtige Zubereitung hat Tofu einen sehr milden Geschmack. Genau deshalb eignet er sich aber perfekt, um Aromen aus Marinaden aufzunehmen und, so aufgepimpt, deinen Gerichten einen intensiven und köstlichen Geschmack zu verleihen. Marinaden können süß, sauer, salzig, scharf oder umami schmecken. Ist Tofu erst mal mariniert, kannst du ihn kross anbraten, saftig grillen oder knusprig frittieren.

Alles Wichtige für perfekt marinierten Tofu:
Der richtige Tofu: Fester weißer Tofu eignet sich am besten zum Marinieren, da er die Marinade gut aufnimmt und seine Form beim Kochen behält. Vor dem Marinieren solltest du den Tofu abtropfen lassen und in einem Küchenhandtuch pressen, um überschüssiges Wasser zu entfernen und Platz für die Marinade zu schaffen.
Die Basis deiner Marinade: Eine gute Marinade besteht aus einer Mischung aus Öl (z. B. Olivenöl, Sesamöl), Säure (z. B. Sojasoße, Essig, Zitronensaft) und Würze (z. B. Knoblauch, Ingwer, Chili).
Die Würze: Hier kannst du kreativ werden! Es gibt unter anderem die klassisch asiatischen Marinaden mit Sojasoße, Knoblauch, Ingwer und Sesamöl, mediterrane Varianten mit Olivenöl, Zitronensaft, Knoblauch und Kräutern oder würzige BBQ-Marinaden mit Tomatenmark, Paprikapulver und Ahornsirup. Suche eine gute Balance zwischen süßen, sauren, salzigen und scharfen Komponenten!

> **TIPP**
>
> Nicht nur die Tofusorte macht einen Unterschied, sondern auch der Hersteller. Du kannst fünf Tofus verschiedener Herstellerfirmen kaufen, und trotzdem werden sie unterschiedlich schmecken und aussehen. Probiere dich durch das Sortiment und finde den Tofu, der dir am besten schmeckt!

Neben dem klassischen Naturtofu gibt es noch viele andere Sorten: Seidentofu eignet sich perfekt für Soßen, Suppen oder Rührei, während Räuchertofu mit seiner rauchigen Note ein toller Speckersatz ist. Außerdem gibt's schon fertig marinierte Varianten.

Die Einwirkzeit: Für den besten Geschmack sollte Tofu mindestens 30 Minuten in der Marinade ziehen. Am besten ist es jedoch, ihn über Nacht im Kühlschrank durchziehen zu lassen. Je länger der Tofu mariniert wurde, desto intensiver der Geschmack.

Die Zubereitung: Marinierten Tofu kannst du in der Pfanne braten, grillen, frittieren, backen oder auch roh in Salaten verwenden. Jede Zubereitungsmethode bringt unterschiedliche Texturen und Geschmacksnuancen hervor, also probiere aus, was dir am besten schmeckt!

TIPP

Als Inspiration gibt's online verschiedene Rezepte. Oder probiere Zutaten aus verschiedenen Küchen der Welt, wie asiatisch, mediterran oder orientalisch. Vielleicht entdeckst du dabei deine neue Lieblingsmarinade!

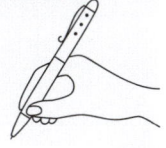

Experimentiere mit verschiedenen Zutaten und finde heraus, welche Tofu-marinade dir am besten schmeckt! Notiere hier deine liebste Marinade. Wie hat dir dein Tofu geschmeckt? Was würdest du beim nächsten Mal anders machen?

Meine liebste Tofumarinade:	
Zutaten:	
Mischverhältnis:	Öl:
	Säure:
	Würze:
Einwirkzeit:	
Zubereitung:	
Geschmack:	
Notizen:	

Halt, stopp! Decke die rechte Seite mit einem Blatt Papier zu und arbeite erst diese Seite durch, bevor du weiterliest.

Challenge-Tag 14:
Vegan – oder doch nicht?

Vorsicht vor den Fake Friends! Es gibt viele Lebensmittel und Alltagsprodukte, die auf den ersten Blick vegan wirken, aber tatsächlich tierische Bestandteile enthalten. Deine Aufgabe für den heutigen Challenge-Tag ist es, diese Fake Friends zu erkennen.

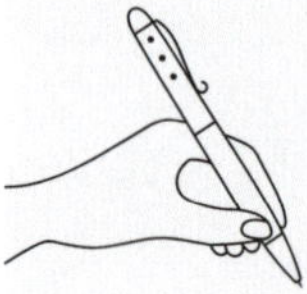

Kreuze an, welche Produkte überraschenderweise nicht vegan sein können. Wenn du fertig bist, kannst du auf der rechten Seite kontrollieren, ob du richtig lagst.

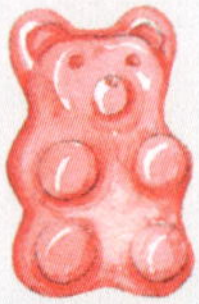

Überraschend nicht vegan könnten sein:
Wein, Essig & Saft: Sie können mit Rinder- und Schweinegelatine oder Eiklar und Fischblasen geklärt sein.

Schau also beim nächsten Einkauf genau hin und achte auf das Vegan-Siegel (S. 40).

Fruchtgummi: Viele Gummibärchen enthalten Gelatine und werden mit Bienenwachs überzogen. Zum Glück gibt es mittlerweile viele vegane Alternativen, die auf pflanzliche Geliermittel und pflanzliches Wachs (z. B. Carnaubawachs) setzen.
(Alkoholische) Mischgetränke: Cocktails können Sahne, Eier oder Honig enthalten. Andere bunte Mischgetränke können färbende Stoffe wie Cochenille enthalten, das aus Schildläusen gewonnen wird.
Chips: … bestehen nicht nur aus Kartoffeln! Manche Chips enthalten tierische Zutaten wie Milchpulver, Käsepulver oder tierische Aromen.
Brot: Manche Brotsorten wie beispielsweise Brioche enthalten Molkepulver, Honig, Eier oder L-Cystein, einen Weichmacher aus Tierhaaren oder Federn.
Kerzen: Einige herkömmliche Kerzen enthalten Bienenwachs oder Stearin, das oft aus tierischem Fett hergestellt wird. Es gibt vegane Alternativen aus Soja- oder Pflanzenwachs bzw. aus Paraffin.
Seife: Einige Seifen enthalten Talg (Sodium Tallowate), ein Produkt aus Tierfett. Vegane Seifen verwenden pflanzliche Öle als Basis.
Waschmittel: Manche Waschmittel enthalten tierische Enzyme, wie Lipase (oft aus Schweine- oder Kuhpankreas gewonnen), die beim Fleckenentfernen helfen.
Pinsel: Einige Pinsel werden aus echtem Tierhaar hergestellt, z. B. von Ziegen, Pferden und Mardern. Es gibt jedoch viele vegane Pinsel aus synthetischen Fasern.
Schwämme: Naturschwämme, die aus dem Meer stammen, sind Lebewesen und daher nicht vegan. Synthetische Schwämme sind eine vegane Alternative.

Tatsächlich können alle Produkte auf S. 60 überraschenderweise tierisch sein! Wie viele hast du richtig erraten? Selbst erfahrene Veganer erleben da immer wieder Überraschungen.

Challenge-Tag 15: Interviewe einen „alten Hasen"!

Heute geht es darum, von den Erfahrungen anderer zu lernen. Dein Auftrag: Finde jemanden in deinem Umfeld oder auf Social Media, der schon länger vegan lebt als du – einen echten „alten Hasen"! Vielleicht ist es ein Freund, ein Familienmitglied oder sogar jemand auf Social Media, der dich inspiriert.

Nutze die Gelegenheit, mehr über die vegane Lebensweise zu erfahren und dich inspirieren zu lassen!

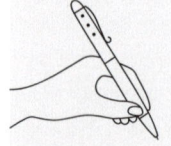

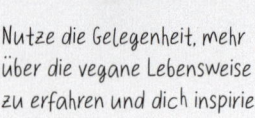

Stelle der Person Fragen über ihre Reise in die vegane Welt, die Herausforderungen, die sie gemeistert hat, und die Tipps, die sie für dich hat.

International bekannte Stars wie Schauspieler Joaquin Phoenix ("Joker"), Sängerin Billie Eilish, Schauspielerin Sadie Sink ("Stranger Things"), Musikproduzent Moby, Schauspielerin Evanna Lynch ("Harry Potter") und Formel-1-Fahrer Lewis Hamilton leben vegan! Sie inspirieren damit Millionen ihrer Fans weltweit für diesen Lebensstil.

Name: _____

Seit wann bist du vegan? _____

Mögliche Fragen:

Warum wurdest du vegan?
Welche sind deine Lieblingsgerichte?
Welche ist deine liebste vegane Marke?
Hast du einen veganen Geheimtipp?
Was war deine größte Vegan-Herausforderung?
Wie reagierst du auf Kritik?
Wie lautet dein bester Ratschlag für Neulinge?
Weitere Fragen:

_____
_____
_____
_____

Challenge-Tag 16: Kennst du die kritischen Nährstoffe?

Eine vegane Ernährung erfordert besondere Aufmerksamkeit gegenüber bestimmten Nährstoffen, die möglicherweise zu kurz kommen. Besonders kritische Nährstoffe wie Vitamin B12, Eisen und Omega-3-Fettsäuren müssen gezielt in die Ernährung integriert oder über Nahrungsergänzungsmittel eingenommen werden.

Hake heute ab, welche kritischen Nährstoffe du schon regelmäßig in deine Ernährung einbaust.

NÄHRSTOFF	QUELLEN	
Vitamin B12	Befindet sich nicht in pflanzlichen Lebensmitteln; deswegen benötigst du ein gutes Vitamin-B12-Supplement!	☐
Vitamin B2	Reich an Vitamin B2 sind Vollkorngetreide, Nüsse, Pilze und Hülsenfrüchte.	☐
Vitamin D	Wir bilden Vitamin D mithilfe der Sonnenstrahlen in unserer Haut. Halte dich deswegen täglich in der Sonne auf! Manche Pilze enthalten Vitamin D, wenn sie unter UV-Strahlen kultiviert wurden.	☐
Vitamin A	In manchen pflanzlichen Lebensmitteln befinden sich besonders viele Carotinoide – das sind Vorstufen von Vitamin A: z. B. in orangefarbenem, rotem, gelbem und dunkelgrünem Gemüse.	☐
Calcium	Viel Calcium enthalten Hülsenfrüchte, grünes Gemüse, eigens damit angereicherte Pflanzendrinks und manche Mineralwasser (ab 400 mg Calcium pro Liter).	☐
Zink & Eisen	Vollkornprodukte, Nüsse und Hülsenfrüchte enthalten viel davon. Vitamin-C-reiche Lebensmittel steigern die Aufnahme der beiden Spurenelemente (rohe Paprika, Zitrone und Kohlgemüse enthalten z. B. viel Vitamin C).	☐
Jod	Algen wie Nori, Wakame, Arame und Dulse enthalten viel Jod. Wichtig: Immer ein jodiertes Speisesalz nutzen!	☐
Selen	Paranüsse, Steinpilze und Hülsenfrüchte enthalten viel Selen. Es gibt aber auch mit Selen angereicherte Äpfel (Sorte Selstar®) und Jod-Selen-Salz.	☐
Omega-3-Fettsäuren	Nüsse und Samen sind reich an der wichtigen Alpha-Linolensäure. Wichtiger sind aber DHA und EPA, die sich in Mikroalgen befinden. Ein gutes Algenöl oder ein mit DHA/EPA angereichertes Leinöl ist eine gute Quelle.	☐
Protein	Protein befindet sich in allen pflanzlichen Lebensmitteln. Zu kurz kommt aber oft die Aminosäure Lysin, ein wichtiger Baustein von Protein. Reich an Lysin sind Hülsenfrüchte und Nüsse.	☐

Challenge-Tag 17: Belege dein Brot mal anders!

Veganes Wurstbrot war gestern. Belege deine vegane Stulle heute mal ganz anders! Lass dich von neuen Kombinationen inspirieren, die nicht nur lecker, sondern auch voller Nährstoffe sind:

Farbenspiel auf Brot: Kombiniere verschiedene farbenfrohe Gemüsesorten wie gelbe Paprika, lila Karotten, rote oder gelbe Tomaten und gebratene braune Pilze. Je bunter dein Brot, desto vielfältiger die Nährstoffe, die du zu dir nimmst.

Creamy Comfort: Nutze cremige Aufstriche als leckere Basis. Hummus, Avocado, veganes Pesto oder Mandelmus liefern gesunde Fette und Proteine.

Sweet meets Savory: Für einen spannenden Kontrast kombiniere süße Komponenten wie Bananenscheiben oder Ahornsirup mit herzhaften Zutaten wie Mandelmus oder Erdnussbutter.

Kräuter-Kick: Frische gehackte Kräuter wie Basilikum, Schnittlauch, Minze und Petersilie sind reich an Nährstoffen und geben deinem Brot das besondere Etwas.

Protein-Power: Ergänze dein Brot mit proteinreichen Belägen wie angebratenem Tofu, gerösteten Kichererbsen, gebackenen Bohnen oder Linsenaufstrich. Damit wirst du satt und versorgst dich zusätzlich mit Eisen und Magnesium.

Sprossen-Crunch: Bringe eine knackige Frische auf dein Brot mit frisch gezogenen Sprossen wie Alfalfa-, Radieschen- oder Mungobohnenkeimlingen. Sie sind wahre Nährstoffbomben!

Texturvariation: Kombiniere weiche Beläge wie Aufstriche und Avocadomus mit knusprigen Zutaten wie Radieschen, Rotkohlsalat oder gerösteten Nüssen, Saaten und Kernen.

> **TIPP**
>
> Eat the rainbow! Dahinter steckt die Idee, dass jede Farbe andere Nähr- und Pflanzenstoffe liefert. Rote, blaue und violette Lebensmittel enthalten viel Vitamin C und Lycopin. Grün enthält Vitamin K und Folsäure. Gelb und Orange liefern Beta-Carotin und Weiß enthält viel Kalium und Allicin.

Gewürzexplosion: Experimentiere mit Gewürzen und Aromen für den besonderen Touch: ein Spritzer Zitronensaft, ein Hauch Chili oder eine Prise geräuchertes Paprikapulver. Für einen zusätzlichen Umami-Kick kannst du Misopaste als würzige Basis verwenden.

Fruchtige Highlights: Füge eine fruchtige Komponente hinzu, wie dünne Apfel- oder Birnenscheiben, Granatapfelkerne oder süß eingelegte rote Zwiebeln.

Vollkorn & Saaten: Nutze verschiedene Brotsorten wie Vollkorn- oder Saatenbrot als Basis. Sie sind besonders nährstoffreich und sättigend, da sie viele Ballaststoffe enthalten.

Fermentierte Vielfalt: Probiere fermentierte Lebensmittel wie Sauerkraut, Kimchi oder fermentierten Tofu als Topping für dein Brot. Sie bringen einen säuerlichen Geschmack, der gut mit herzhaften Belägen harmoniert. Außerdem sind sie gesund für deinen Darm!

Stell dir vor, dein Brot ist eine Leinwand. Wie würdest du es gestalten? Belege dir heute deine eigene Stulle und experimentiere mit Farben, Formen und Geschmäckern. Die einzige Regel ist: Bunt muss es sein!

Notiere hier dein Experiment.

Zutaten: ——————————————

————————————————————

————————————————————

Zubereitung: ————————————

————————————————————

————————————————————

Bewertung: ☆ ☆ ☆ ☆ ☆

Weitere Ideen für bunte Stullen:

————————————————————

————————————————————

————————————————————

Challenge-Tag 18:
Überprüfe deinen Badschrank!

Wenn du an den veganen Lebensstil denkst, assoziierst du ihn wahrscheinlich zuerst mit der Ernährung. Doch Veganismus endet nicht bei dem, was du isst. Auch im Badschrank verstecken sich oft Produkte, die tierische Inhaltsstoffe enthalten oder an Tieren getestet wurden. Lippenbalsam, Shampoo, Seifen und sogar Zahnpasta können unerwünschte Bestandteile tierischen Ursprungs enthalten.

Tierisches in deinem Badschrank:
Lanolin: ein Fett aus Schafwolle, das sich oft in Lippenpflege und Cremes versteckt.
Keratin: ein Protein aus Haaren und Hörnern von Tieren, das man häufig in Shampoos findet.
Glycerin: Kann tierischen Ursprungs sein und steckt in Kosmetikprodukten und Zahnpasta.
Karmin: ein Farbstoff aus Schildläusen, der in Lippenstiften und Rouge verwendet wird.
Bienenwachs: Wird oft in Hautpflegeprodukten verwendet.
Casein: ein Milchprotein, das in einigen Reinigungsmitteln vorkommt.
Aminfluorid: Kann tierischen Ursprungs sein und ist ein Bestandteil von Zahnpasten. Bekannte Hersteller nutzen aber mittlerweile pflanzenbasiertes Amin.

Gallseife enthält tatsächlich Galle von Rindern! Noch verrückter: Es gibt Haarpflegemittel, die Extrakte aus dem Rückenmark von Pferden oder Rindern enthalten!

Tipps für eine vegane Badschrank-Inventur:
1. Check die Inhaltsstoffe: Lies die Zutatenliste auf all deinen Produkten aufmerksam durch. Achte auf die oben genannten Stoffe.
2. Vegane Labels suchen: Viele Produkte tragen mittlerweile ein veganes Siegel. Achte beim Einkauf darauf.
3. Tierversuchsfreie Marken bevorzugen: Checke über die Seite im QR-Code, welcher Hersteller Tierversuche durchführt.

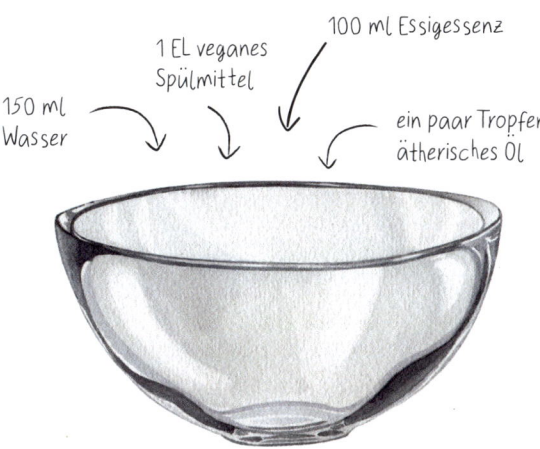

1 EL veganes Spülmittel

100 ml Essigessenz

150 ml Wasser

ein paar Tropfen ätherisches Öl

Stelle heute dein eigenes, völlig veganes und umweltfreundliches Allzweckreinigungsmittel her!

So wird's gemacht:

→ Alles vermischen, bis sich das Spülmittel aufgelöst hat.
→ In eine saubere Sprühflasche (250 ml Fassungsvolumen) abfüllen.

Dieses Reinigungsmittel eignet sich für alle Oberflächen im Haushalt. Einfach aufsprühen, kurz einwirken lassen und dann mit einem sauberen Tuch abwischen!

Challenge-Tag 19: Vegan im Dialog

Deine Familie und Freunde sind ein wichtiger Teil deines Lebens, und es ist verständlich, dass sie vielleicht nicht sofort verstehen, warum du dich für einen veganen Lebensstil interessierst. Möglicherweise fragen sie sich, was dich dazu bewogen hat, welche Auswirkungen das auf euer gemeinsames Leben haben wird und ob sie sich nun auch umstellen müssen.

Hier ein paar Tipps für Gespräche mit deinen Liebsten: Es ist hilfreich, wenn du deine Beweggründe auf eine Weise erklärst, die deine Liebsten einbezieht. Du könntest das Gespräch beginnen, indem du deine persönlichen Gründe für den Wechsel zur veganen Lebensweise teilst. Wenn du offen über deine Gefühle sprichst, können deine Liebsten besser verstehen, wie wichtig dir diese Veränderung ist.

Nutze Ich-Botschaften, um auf Augenhöhe zu kommunizieren! Ich-Botschaften helfen dir, deine Gefühle und Bedürfnisse klar und ohne Vorwürfe auszudrücken. Anstatt dein Gegenüber anzugreifen oder zu beschuldigen, fokussierst du dich darauf, wie du dich fühlst und was du brauchst. So vermeidest du Missverständnisse und schaffst eine offene und wertschätzende Gesprächsatmosphäre. Versuche dabei, Vorwürfe oder eine konfrontative Haltung zu vermeiden. Stattdessen kannst du die positiven Aspekte deines neuen Lebensstils hervorheben. Zeige deinem Gegenüber, dass du diesen Weg aus Überzeugung gehst und nicht, um seine Lebensweise zu kritisieren.

> **TIPP**
>
> Statt: „Du verstehst einfach nicht, warum ich vegan leben möchte!" ist z. B. besser: „Ich fühle mich manchmal missverstanden, wenn es um meine Entscheidung für ein veganes Leben geht. Mir ist es wichtig, dass du meine Beweggründe kennst."

Sei geduldig. Veränderungen brauchen Zeit, und nicht jeder wird deine Entscheidung sofort verstehen. Gib deinen Liebsten die Möglichkeit, Fragen zu stellen und ihre eigenen Überlegungen anzustellen. Vielleicht wirst du überrascht sein, wie offen sie sind.

Auch du solltest offen bleiben, denn es könnte ein interessantes Gespräch entstehen. Manchmal kommen jedoch Rückfragen, die du nicht sofort beantworten kannst – das ist völlig in Ordnung.

Ein wunderbarer Weg, deine Familie miteinzubeziehen, ist es, für sie zu kochen oder gemeinsame Pizzaabende zu veranstalten, bei denen jeder seine Pizza nach eigenen Wünschen belegt. Das schafft nicht nur ein Gefühl von Gemeinschaft, sondern zeigt auch, wie vielseitig und unkompliziert vegane Ernährung sein kann.

An Challenge-Tag 29 erhältst du erste Hilfe für schlaue Antworten auf blöde Fragen, damit du selbstbewusst und gut informiert in solche Gespräche gehen kannst.

Und wenn es darum geht, mit etwas Süßem zu punkten, findest du auf der nächsten Seite ein Rezept für köstliche vegane Kekse.

Orangen-Schoko-Kekse

FÜR 10 STÜCK

1 Bio-Orange
200 g brauner Zucker
100 g Kokosöl
(Zimmertemperatur)
1 TL Vanilleextrakt
180 g Weizenmehl
(Type 1050)
1 TL Backpulver
1 Tafel dunkle Schokolade

ZUBEREITUNGSZEIT:
10 Minuten

BACKZEIT:
10 Minuten

Nährwerte pro Stück:
277 Kalorien
38 g Kohlenhydrate
13 g Fett, 5 g Protein

So wird's gemacht:

→ Den Ofen auf 180 °C Ober-/Unterhitze vorheizen.
→ Die Schale von **1 Orange** abreiben, den Saft auspressen und beides zur Seite stellen.
→ In einer Rührschüssel **200 g braunen Zucker** mit **100 g Kokosöl** und **1 TL Vanilleextrakt** verrühren. Dann **180 g Mehl**, **1 TL Backpulver**, die geriebene Orangenschale und 2 EL des Orangensafts dazugeben und kräftig verrühren.
→ **Schokoladentafel** mit einem Messer so zerteilen, dass 20 kleine, gleichmäßig große Stücke entstehen.
→ Nun immer 1 EL des Teigs mit etwas Abstand zum Nächsten auf einem mit Backpapier ausgelegten Backblech verteilen und mit dem Löffel flach drücken, sodass runde Keksformen entstehen. Immer 2 Schokostücke auf einen Keks legen und leicht eindrücken.
→ Die Kekskleckse etwa 10 Minuten backen, bis die Ränder bräunlich werden und die Schokolade leicht zerläuft.

Wie fandest du das Rezept?
Male die Sterne aus.

★ ★ ★ ★ ★

Challenge-Tag 20:
Probiere doch mal Seitan!

Schon mal von Seitan gehört? Seitan ist ein viel-seitiges pflanzliches Protein, das aus Weizengluten hergestellt wird. Ursprünglich in der asiatischen Küche beheimatet, hat es aufgrund seiner fleischähnlichen Konsistenz und seines neutralen Geschmacks den Weg in viele vegane Rezepte gefunden. Es kann in fast jede Form und jeden Geschmack verwandelt werden, je nachdem, wie du es zubereitest und würzt.

Du kannst Seitan in Streifen geschnitten als Gyros-alternative für Wraps verwenden oder im Ganzen zu einem festlichen Braten zubereiten. Superlecker schmeckt er auch als Fleischersatz in Gulasch, als Dö-nerfleischalternative im Fladenbrot oder in Form von Seitan-Würstchen im Hotdog.

Seitan findest du bereits fertig zubereitet im Kühlregal oder eingelegt im Glas, oft schon gewürzt und ge-brauchsfertig. Alternativ gibt es Seitan-Fix, ein Pulver, das du einfach mit Wasser und Gewürzen anrührst, um von Grund auf deinen eigenen Seitan zuzuberei-ten. Für diejenigen, die es schnell und einfach mögen, gibt es in vielen Supermärkten auch zahlreiche fertige Ersatzprodukte auf Basis von Seitan.

> Seitan ist ein wahrer Alleskönner in der veganen Küche.

So verarbeitest du Seitan-Fix:

→ **Vermische** 250 g Seitan-Fix mit Gewürzen wie Paprika, Salz, Pfeffer, 2 EL Tomatenmark, 2 EL Senf, 2 EL Sojasoße, 3 EL Öl. **Gieße** 250 ml kalte Gemüsebrühe **hinzu** und **knete** alles zu einer gleichmäßigen Masse. **Lass** die Masse 30 Minuten **ruhen.**

→ **Forme den Teig** (entweder zu einem großen Stück oder zu Würsten) und **koche** ihn 20–30 Minuten in kräftig gewürzter Gemüsebrühe auf mittlerer Hitze.

→ Nach dem Kochen **abkühlen lassen** und in die gewünschten Stücke **schneiden** sowie diese ggf. formen.

→ Die Stücke oder Würste in einer heißen Pfanne mit Öl **anbraten und weiterverarbeiten.**

Jetzt bist du dran! Überlege dir heute, wie du Seitan in einem Gericht einsetzen möchtest. Nutze die Notizfläche, um dein eigenes Seitan-Rezept zu entwickeln oder dir Rezeptideen zu notieren.

Challenge-Tag 21: Sprossen ziehen leicht gemacht

Sprossen sind eine ideale Ergänzung in der veganen Küche: eine frische, knackige Komponente, um langweilige Gerichte aufzupeppen. Die kleinen Keimlinge stecken voller Vitamine, Mineralstoffe und Ballaststoffe. Diese Nährstoffe liegen oft in höherer Konzentration vor als in ausgewachsenen Pflanzen. Besonders in der veganen Ernährung können Sprossen somit helfen, eine ausgewogene Versorgung damit sicherzustellen.

TIPP

Es gibt auch spezielle Keimgläser mit integriertem Sieb – sie eignen sich besonders gut zum Sprossenziehen.

Versuche, aus Keimlingen deine eigenen Sprossen zu ziehen. Du kannst das nutzen, was du in deinem Vorratsschrank hast, wie z. B. getrocknete Kichererbsen, getrocknete Erbsen, getrocknete Linsen, Senfkörner, Buchweizen, ...

DU BENÖTIGST:

So wird's gemacht:

2–3 EL Keimsprossen bzw. Samen (z. B. Mungobohnen, Sojabohnen, Erbsen, Radieschensamen)
1 Glas
etwas Wasser
1 Sieb

→ Weiche die Samen in dem Glas über Nacht in reichlich Wasser ein.

→ Am nächsten Morgen schütte das Wasser durch das Sieb ab und spüle die eingeweichten Samen gründlich ab.

→ Stelle das Glas an einen hellen Ort, aber nicht in direktes Sonnenlicht. Temperaturen von 18 bis 22°C sind ideal. Spüle die Sprösslinge ein- bis dreimal täglich. Schon nach kurzer Zeit treten die ersten Sprossen aus.

→ Nach 3–5 Tagen sind die Sprossen erntereif.

Du solltest die Keimlinge vor dem Verzehr kurz blanchieren, um mögliche Krankheitserreger abzutöten. Wenn du sie roh essen willst, dann am besten gut abgewaschen gleich nach dem Ziehen.

Vielleicht willst du auch deine eigene Kresse ziehen? Wie du da am besten vorgehst, erfährst du über den QR-Code!

Top it with Greens:
Deine Sprossen machen sich wunderbar auf Brot, Sandwiches, Bowls, Suppen, Wraps, Pizza, Smoothies, Reisgerichten, Burger ...

Challenge-Tag 22: Probiere doch mal Hülsenfrüchte!

In der veganen Ernährung sind Hülsenfrüchte eine der wichtigsten Proteinquellen; außerdem liefern sie Ballaststoffe, Mikronährstoffe und Cholin! Linsen, Kichererbsen, Bohnen und Erbsen sind noch dazu unglaublich vielseitig in der Küche einsetzbar. Doch wie oft landen sie wirklich auf deinem Teller? Hülsenfrüchte kannst du vorgegart in Konserven kaufen oder in der getrockneten Variante zum Selbstkochen. Getrocknete Hülsenfrüchte haben den Vorteil, dass sie besonders günstig sind und weniger Müll verursachen. Der Nachteil ist, dass sie erst gekocht werden müssen. Koche sie deswegen gleich in größerer Menge vor! Kichererbsen, Sojabohnen, Kidneybohnen, weiße Bohnen und ungeschälte Erbsen müssen über Nacht eingeweicht werden – das verkürzt die Kochzeit und macht sie leichter verdaulich. Nach dem Einweichen abspülen und dann einfach in gesalzenem Wasser kochen.

Kochzeit verschiedener Hülsenfrüchte:

- Kichererbsen & Sojabohnen: 90–120 Minuten
- Kidneybohnen & weiße Bohnen: 60–90 Minuten
- Erbsen, ungeschält: 60–120 Minuten
- Erbsen, geschält: 10–15 Minuten (kein Einweichen notwendig)
- Linsen: 15–30 Minuten (kein Einweichen notwendig)
- rote Linsen: 10–15 Minuten (kein Einweichen notwendig)

Überlege dir, welche Hülsenfrüchte du regelmäßig isst. Schreib sie hier auf. Vielleicht fallen dir auch noch weitere ein, die du bisher selten oder nie probiert hast. Was könnte dir schmecken?

_____

_____

_____

_____

_____

_____

_____

Überlege dir, wie du deine gewohnten Rezepte aufpeppen kannst. Welche Gerichte könntest du mit Hülsenfrüchten verfeinern? Notiere hier deine Ideen.

Notiere, welche Hülsenfrüchte du noch nie probiert hast und wie du sie zubereiten möchtest.

_____

_____

_____

_____

_____

_____

_____

_____

_____

TIPP

Kennst du schon Aquafaba? Aquafaba ist das Kochwasser von Kichererbsen und Bohnen und ein echter Geheimtipp der veganen Küche. Es lässt sich ähnlich wie Eiweiß aufschlagen und kann in vielen Rezepten als Ersatz dafür verwendet werden: perfekt für Mousse au Chocolat, als Eiersatz beim Panieren oder als Bindemittel in Teigen.

Challenge-Tag 23: Das Kühlschrank-Make-over

Heute geht's an den veganen Kühlschrank! Ist in deinem Kühlschrank alles richtig geordnet, hilft das dabei, Lebensmittelverschwendung zu vermeiden, und vegane Vorräte bleiben länger frisch.

Die goldene Regel: Jede Etage hat ihre Aufgabe

Oberes Fach: 6–8 °C
Perfekt für Lebensmittel, die keine extremen Temperaturen brauchen. Hier fühlen sich vegane Aufstriche, Reste vom Vortag und Beeren wohl.

Mittlere Fächer: 5–7 °C
Hier können alle tierischen Alternativprodukte wie Tofu, Fleischersatz, Käsealternativen und Pflanzenjoghurt gelagert werden.

Unteres Fach: 0–2 °C
Dort kann Tiefkühlware schonend aufgetaut werden.

Gemüseschublade: 8–12 °C
Hier herrschen spezielle Feuchtigkeitsbedingungen, die perfekt für Gemüse, Obst und Kräuter sind.

Seitentür: 10–12 °C
Ideal für länger Haltbares wie Getränke, Pflanzendrinks, Margarine, Marmelade und Soßen.

> Wir Tomaten mögen es am liebsten außerhalb des Kühlschranks (oder höchstens drei Tage darin). Genauso wie uns geht es Auberginen, Bananen, Basilikum, Kartoffeln, Knoblauch, Mangos, Melonen, Orangen, Zitronen, Zucchinis und Zwiebeln.

Starte heute dein Kühlschrank-Make-over. Räume zuerst alles aus. Sortiere deine Lebensmittel dann auf ihre richtige Etage und notiere die Produkte, die bald verbraucht werden müssen. Entwickle aus diesen Zutaten kreative Rezeptideen, um nichts zu verschwenden.

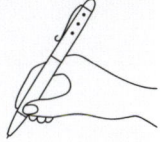

TIPP

Sehen, riechen, schmecken

Die MHD-Angabe ist kein Verfallsdatum! Auch nach Ablauf kann ein Lebensmittel oft noch in Ordnung sein, wenn es gut aussieht, normal riecht und den Geschmackstest besteht. Wenn ein Lebensmittel auffällig aussieht (Schimmel, Verfärbungen), seltsam riecht oder eine ungewöhnliche Konsistenz hat, solltest du es besser nicht mehr verwenden.

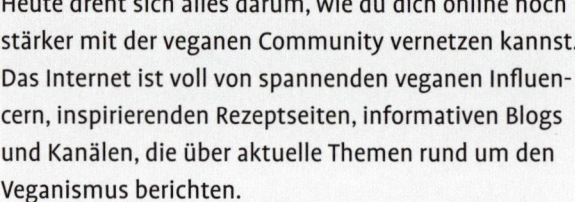

Challenge-Tag 24: Connecte dich!

Heute dreht sich alles darum, wie du dich online noch stärker mit der veganen Community vernetzen kannst. Das Internet ist voll von spannenden veganen Influencern, inspirierenden Rezeptseiten, informativen Blogs und Kanälen, die über aktuelle Themen rund um den Veganismus berichten.

Aber Achtung! Im Internet gibt es viele wertvolle Informationen, doch nicht alles, was du online findest, ist auch richtig oder seriös. Besonders beim Thema Veganismus kursieren oft Halbwahrheiten, Fehlinformationen oder sogar gezielte Falschmeldungen, sogenannte Fake News.

Mehr zu Fake News gibt's an Challenge-Tag 28.

Warum sich online vernetzen?

Es hat viele Vorteile, sich online mit der Vegan-Community zu verbinden: Von veganen Influencern und Kochkanälen bekommst du Inspiration und leckere Rezeptideen; Food-News-Seiten halten dich über die neuesten Produkte, Trends und Entwicklungen in der veganen Lebensmittelwelt up to date; und bei veganen Infokanälen und Fachexperten findest du wissenschaftliche Fakten, ethische Diskussionen und Neuigkeiten über Tierschutz, Umwelt und Gesundheit.

Meine Tipps zur Medienkompetenz:

- **Quelle prüfen:** Schaue dir an, wer hinter einem Beitrag steht. Ist es eine vertrauenswürdige Quelle oder eine Privatperson ohne Fachkenntnisse?
- **Mehrere Quellen vergleichen:** Verlasse dich nicht nur auf <u>eine</u> Quelle. Suche nach weiteren Informationen und vergleiche sie, um dir ein umfassendes Bild zu machen.
- **Aussagen kritisch hinterfragen:** Stelle dir die Frage, ob eine Information plausibel klingt, und prüfe, ob auch anerkannte Fachgesellschaften dahinterstehen.

Meine Social Media Tipps:

Food News (Instagram) Reactionvideos (YouTube) Rezepte (Blog) Kurze Rezeptvideos (Tiktok) Vegan-Community (Discord)

Tierethik (Instagram) Vegane Wissenschaft (Instagram) Veganer Podcast Mein Instagramkanal

Instagram: _____

TikTok: _____

YouTube: _____

Facebook: _____

Blog: _____

Podcast: _____

Discord: _____

andere: _____

Erstelle eine Liste deiner Lieblings-Accounts auf verschiedenen Plattformen. Welche Blogs liest du regelmäßig? Welche YouTube-Kanäle hast du abonniert? Welche Instagram- oder TikTok-Influencer inspirieren dich?

Challenge-Tag 25: Veganer Aktivismus

Veganismus ist eine passive Form des Tierschutzes: Durch den Verzicht auf tierische Produkte leistest du bereits einen wichtigen Beitrag. Doch es gibt auch aktive Wege, um sich für die Rechte und den Schutz der Tiere einzusetzen.

Veganer Aktivismus bedeutet, sich aktiv für einen gerechteren Umgang mit Tieren in unserer Gesellschaft einzusetzen.

Der typische vegane Aktivismus umfasst Proteste, Demonstrationen und Aufklärungsarbeit. Aktivisten gehen auf die Straße, halten Reden, verteilen Flyer oder organisieren Aktionen, um die Öffentlichkeit auf die Missstände in der Tierhaltung und die Vorteile einer veganen Lebensweise aufmerksam zu machen. Diese direkte Form erfordert Mut, denn man steht oft im direkten Dialog mit anderen Menschen.

Es gibt auch weniger offensive, aber wirksame Wege des Aktivismus, etwa das Teilen von Infos auf Social Media oder das Schreiben von Artikeln, über die andere mehr über Tierschutz erfahren. Auch das Spenden an Tierschutzorganisationen oder Freiwilligenarbeit in Lebenshöfen und Tierheimen ist eine Form von Aktivismus. Manche Menschen setzen auf kreative Projekte wie das Gestalten von Kunstwerken, Musik oder Filmen, die zum Nachdenken anregen und das Thema Veganismus in den Fokus rücken.

> Egal, welchen Weg du wählst, es geht darum, andere zu inspirieren, sich ebenfalls für eine gerechtere Welt einzusetzen. Dein Engagement, egal wie groß oder klein, ist ein wertvoller Beitrag zur veganen Bewegung.

Eine Spende für den Tierschutz kann viel bewirken. Lebenshöfe, Tierheime und Tierschutzorganisationen sind auf finanzielle Unterstützung angewiesen, um gerettete Tiere zu versorgen und ihnen ein sicheres Zuhause zu bieten. Bevor du spendest, recherchiere seriöse Organisationen und Lebenshöfe, denen du vertrauen kannst.

Werde heute aktiv und setze dich auf irgendeine Weise für Tiere ein. Finde heraus, welche Form des Aktivismus am besten zu dir passt, und mache den ersten Schritt. Überlege auch, wie du langfristig aktiv bleiben kannst.

Challenge-Tag 26:
Plane einen veganen Ausflug!

1. Ziel wählen. Soll es ein Städtetrip, ein Ausflug aufs Land oder ein Tag am Meer sein? Schreibe hier dein Ausflugsziel auf:

Heute geht's raus in die Natur: Plane einen veganen Ausflug – entweder für heute oder für das nächste freie Wochenende!

2. Aktivitäten planen. Wandern, Sightseeing oder einfach nur Entspannen im Park? Plane deinen Ausflugstag:

> **Hier lernst du, wie du vegane Wachstücher als nachhaltige Alternative zu Frischhaltefolien machen kannst!**

3. Vegane Restaurants und Cafés recherchieren. Liste hier die veganen Restaurants auf, die du ausprobieren möchtest:

Tipps findest du bei Challenge-Tag 7!

4. Proviant vorbereiten. ... für den Fall, dass keine Restaurants in der Nähe sind. Das sind deine Lieblingssnacks für unterwegs:

Wenn du Inspiration für vegane Ausflüge und Reisen brauchst:

5. Checkliste erstellen. Was musst du sonst noch mitnehmen? Erstelle deine persönliche Checkliste:

Hier findest du veganfreundliche Unterkünfte:

Challenge-Tag 27:
Probiere doch mal Tempeh!

Tempeh – schon mal gehört? Diese vielseitige Fleischalternative stammt ursprünglich aus Indonesien und wird aus fermentierten Sojabohnen hergestellt. Tempeh hat eine festere Konsistenz als Tofu und einen leicht nussigen Geschmack. Durch die Fermentation ist es besonders nährstoffreich: Tempeh liefert eine ordentliche Portion Protein, Ballaststoffe und wichtige Mikronährstoffe.

TIPP

Tempeh findest du im Kühlfach und/oder im Tiefkühlfach deines Biomarkts oder im asiatischen Supermarkt.

Hier einige kreative Ideen für den Einsatz von Tempeh, damit er zu einem festen Bestandteil deiner veganen Küche wird:

Marinieren und anbraten: Tempeh liebt Gewürze! Schneide ihn in dünne Scheiben oder Würfel und mariniere ihn kräftig. Brate ihn anschließend in einer Pfanne knusprig an.

Perfekt als Topping für Salate oder als proteinreiche Einlage in bunten Bowls!

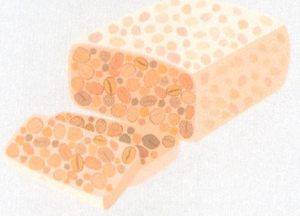

Tempeh-Bacon: Tempeh kann ein veganer Speckersatz sein, wenn du ihn in dünne Streifen schneidest, in einer Mischung aus Sojasauce, Flüssigrauch, Ahornsirup und Paprikapulver marinierst und dann bäckst oder anbrätst. Verwende ihn in Sandwiches, Wraps oder auf Pizza.

Für deinen nächsten Grillabend.

Tempeh-Spieße: Schneide Tempeh in Würfel und spieße ihn zusammen mit Gemüse auf Holzspieße. Mariniere alles mit einer BBQ-Sauce und grille es, bis es schön gebräunt ist.

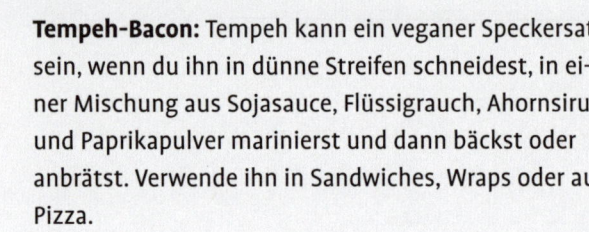

Tempeh-Crumble: Aufgrund seiner Konsistenz lässt sich Tempeh auch gut in kleine Stückchen bröckeln. Gut gewürzt und angebraten, eignet sich das Tempeh-Crumble als würzige Füllung für Tacos und Burritos.

Tempeh als Hackfleischersatz: Lass dich von deinem Lieblings-Chili oder Spaghetti Bolognese inspirieren! Zerkleinere Tempeh in einer Küchenmaschine oder mit den Händen und nutze es dann als Hackfleischersatz.

Jetzt bist du dran! Überlege dir, wie du Tempeh in einem Gericht einsetzen möchtest. Vielleicht hast du schon eine Lieblingszubereitung? Oder möchtest etwas Neues ausprobieren? Welche Gewürze würdest du verwenden? Welche Beilagen passen dazu? Nutze die Notizfläche, um dein eigenes Tempeh-Rezept zu entwickeln oder dir Rezeptideen zu notieren.

Challenge-Tag 28:
Erkenne vegane Fake News!

Wir alle sind täglich einer Flut von Informationen ausgesetzt, vor allem online. Leider ist aber nicht alles, was wir lesen, auch wahr. Fake News – also falsche oder irreführende Informationen – verbreiten sich oft schneller als die Wahrheit. Auch in der veganen Community gibt es solche Falschmeldungen, die gut gemeint sind, aber letztlich mehr schaden als nützen. Deswegen ist es wichtig, kritisch zu hinterfragen, was man liest und teilt.

Für den Quellen-Check siehe die Tipps auf S. 80.

Meine Tipps, um Fake News zu erkennen:

- **Quellen prüfen:** Werden Quellen genannt? Handelt es sich um verlässliche Quellen?
- **Seriosität checken:** Wird die Behauptung durch anerkannte Organisationen unterstützt?
- **Verfasser hinterfragen:** Wer steckt hinter der Information? Ist er oder sie seriös?
- **Auffällige Sprache einordnen:** Vorsicht bei extremen Behauptungen oder reißerischen Überschriften!
- **Bildersuche nutzen:** Du kannst Bilder rückwärts suchen, um den Ursprung zu finden.

Wenn es um Ernährung geht, sind Fachgesellschaften wie die Deutsche Gesellschaft für Ernährung (DGE) die besten Quellen. Sie sind zuverlässiger als Einzelmeinungen und bieten geprüfte, wissenschaftlich fundierte Infos. Wenn du mal unsicher bist, ob eine Aussage über den Gesundheitswert von Lebensmitteln stimmt, kannst du sie dort nachprüfen.

Viele vegane Fake News drehen sich um die angeblichen Heilwirkungen von veganer Ernährung und die vermeintlich gesundheitsschädigenden Effekte von tierischen Produkten. Fake News können nicht nur für Missverständnisse sorgen, sondern auch die Glaubwürdigkeit von Veganern und der veganen Bewegung insgesamt schädigen.

Einige Fake News rund um Veganismus habe ich in meinem Buch "How to vegan" aufgeklärt.

1. **„Eine rein vegane Ernährung ist die gesündeste Ernährung."**
   Quelle: ein veganer Blog ohne wissenschaftliche Belege. → Fake News? ☐

2. **„Die WHO hat rotes Fleisch als krebserregend eingestuft, vergleichbar mit Zigaretten."**
   Quelle: ein Artikel, der nicht direkt auf die WHO-Berichte verlinkt, sondern auf eine Zusammenfassung auf einer privaten Webseite. → Fake News? ☐

3. **„Eine aktuelle Studie von der Universität Harvard zeigt, dass Menschen, die sich vegan ernähren, länger leben."**
   Quelle: ein Social-Media-Post ohne direkten Link zur Studie, aber mit vielen positiven Kommentaren. → Fake News? ☐

4. **„Die DGE hat bestätigt, dass eine vegane Ernährung für gesunde Erwachsene geeignet ist, wenn Vitamin B12 supplementiert wird und die Ernährung gut geplant ist."**
   Quelle: die offizielle Webseite der DGE mit direktem Link zu den Ernährungsrichtlinien. → Fake News? ☐

5. **„Milch entzieht den Knochen Kalzium und führt zu Osteoporose."**
   Quelle: ein YouTube-Video eines selbsternannten Ernährungsexperten ohne medizinische Ausbildung. → Fake News? ☐

Heute ist es an der Zeit, dein Wissen zu testen! Hier findest du fünf Aussagen, von denen einige wahr und andere falsch sind. Markiere die Aussagen, die du für Fake News hältst.

Lösung:
Fake News sind die Aussagen 1, 2, 3 und 5.

Challenge-Tag 29:
Mit Köpfchen kontern

Veganlebende hören oft die gleichen, immer wieder-
kehrenden Fragen oder gar provokante Kommentare.
Aber keine Sorge, du kannst das nutzen, um dein
Wissen zu zeigen, und dabei auch noch richtig cool
rüberkommen. Hier ein paar kreative Tipps, wie du
schlau und schlagfertig antwortest:

Ein bisschen Humor kann die Stimmung entspannen und zeigt, dass du die Situation gelassen siehst.

Humor ist dein bester Freund: Wenn dir jemand sagt:
„Aber Pflanzen haben doch auch Gefühle!", könntest
du mit einem Augenzwinkern antworten: „Klar, deshalb esse ich nur die, die mir vorher ihr Einverständnis
gegeben haben."

Fakten statt Fiktion: Bei Aussagen wie „Menschen
brauchen Fleisch, um gesund zu bleiben", kannst
du mit einem freundlichen Lächeln und einem Fakt

Das zeigt, dass du informiert bist und nicht so leicht verunsichert wirst.

kontern: „Interessant, aber laut der DGE und anderen
Ernährungsfachgesellschaften ist eine gut geplante
vegane Ernährung für Erwachsene geeignet."

Fragen statt antworten: Statt direkt zu kontern, kannst
du auch einfach zurückfragen: „Warum denkst du das?"
oder „Was macht dich da so sicher?"

Das bringt dein Gegenüber zum Nachdenken und zeigt, dass du an einem echten Austausch interessiert bist, statt nur zu streiten.

Sei einfach du selbst: Bleib authentisch und ehrlich.
Wenn dir jemand mit „Vegan sein ist doch total extrem!"
kommt, kannst du ruhig sagen: „Für mich fühlt es sich
gar nicht extrem an, sondern einfach richtig. Jeder hat ja
so seine Gründe."

Das zeigt, dass du dich nicht von der Meinung anderer aus der Ruhe bringen lässt.

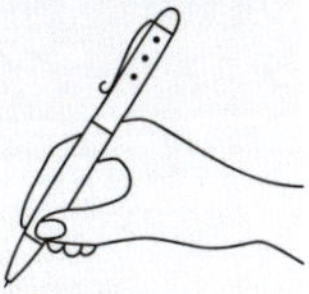

Notiere hier blöde Aussagen, die du in letzter Zeit gehört hast!

Blöde Aussage: _____

_____

_____

Schlaue Antwort: _____

_____

_____

Blöde Aussage: _____

_____

Schlaue Antwort: _____

_____

_____

Blöde Aussage: _____

_____

Schlaue Antwort: _____

_____

_____

Challenge-Tag 30: Reflektiere die letzten Tage!

Heute ist der letzte Tag der 30-Tage-Vegan-Challenge angebrochen. Toll, dass du es so weit geschafft hast! Klopf dir einmal auf die Schulter und dann beantworte die Fragen.

Wie haben sich deine Ernährung und dein Leben im Allgemeinen in diesen 30 Tagen verändert?

_____

_____

_____

Welcher Moment hat dir am meisten Freude bereitet oder war besonders erfüllend während der Challenge?

_____

_____

_____

Hast du neue Lieblingsgerichte oder Rezepte entdeckt? Wenn ja, welche?

_____

_____

_____

Hast du während der Challenge Unterstützung von anderen erhalten? Wie hat das deinen Weg beeinflusst?

_____

_____

_____

Gab es Momente, in denen du dich nach alten Gewohnheiten gesehnt hast? Wie bist du damit umgegangen?

_____

_____

_____

Wie planst du, die Erkenntnisse und Gewohnheiten aus
dieser Challenge in deinem Alltag beizubehalten?

_____

_____

_____

Was war die größte Herausforderung, die du in den letzten 30 Tagen erlebt hast?

_____

_____

_____

**Für einige Heraus-
forderungen habe
ich ein ganzes Ka-
pitel mit Lösungs-
vorschlägen er-
stellt: Siehe S. 103**

ERNÄHRUNGSTAGEBUCH &

hilfe für climber

Willkommen in Level 2! Ab jetzt gilt es zu üben, wie eine gut geplante vegane Ernährung funktioniert. Mithilfe des einwöchigen Ernährungstagebuchs wirst du zum Detektiv deiner eigenen Essgewohnheiten! Trage nach jeder Mahlzeit ein, was du gegessen und getrunken hast, und prüfe anschließend, was du in der Checkliste alles abhaken kannst. Dabei wirst du viel lernen, was du in der Zukunft direkt umsetzen kannst!

Außerdem erhältst du in diesem Level Hilfe für die besonderen Herausforderungen der veganen Ernährung, damit du entspannt in Level 3 gehen kannst.

Du willst über die Tage hinaus ein Ernährungstagebuch führen? Hier gibt's die Vorlage als Download:

INHALT	SEITE	GECHECKT

Kreuze die Kästchen
an, wenn Du das Thema
abgeschlossen hast...

Vorab:
Setze Wochenziele

Setze dir kleine, realistische Ziele für die nächsten sieben Tage. Willst du z. B. mehr Hülsenfrüchte essen? Snacks durch gesunde Alternativen ersetzen?

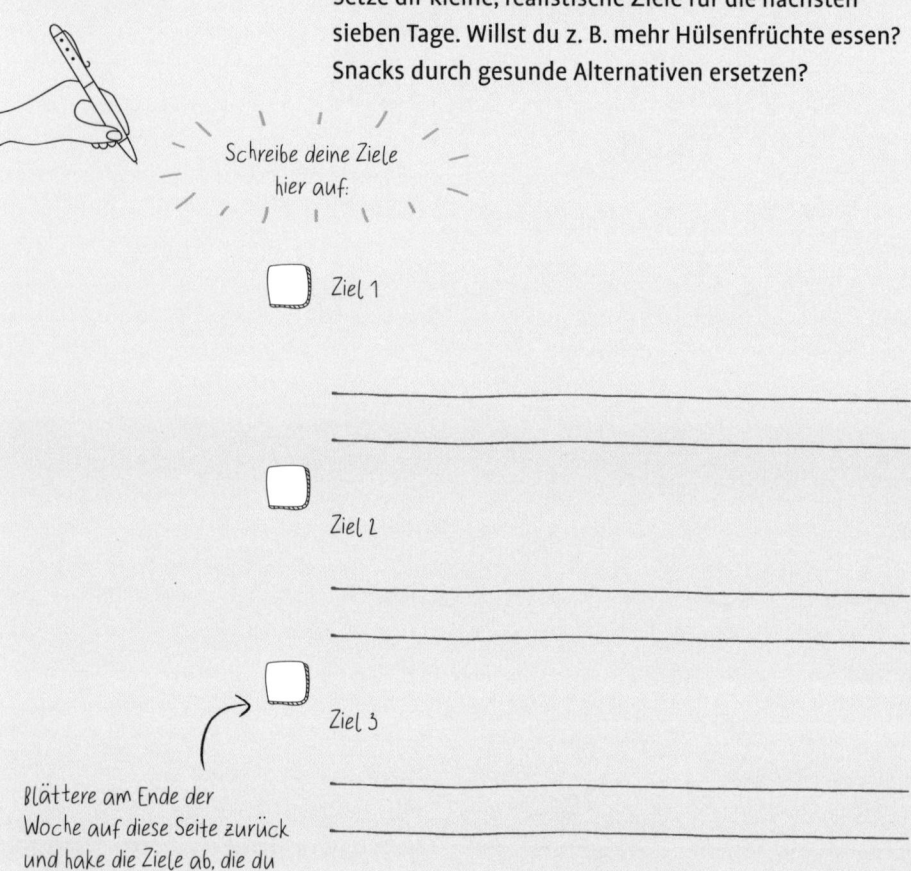

Schreibe deine Ziele hier auf:

☐ Ziel 1

_____
_____

☐ Ziel 2

_____
_____

☐ Ziel 3

_____

Blättere am Ende der Woche auf diese Seite zurück und hake die Ziele ab, die du erreicht hast!

ERNÄHRUNGSTAGEBUCH TAG 1

Datum: _____

Frühstück: Abendessen:

_____   _____

_____   _____

Mittagessen: Snacks:

_____   _____

_____   _____

Portionen Gemüse ☐ ☐ ☐   Jodquelle (z. B. Algen, Jodsalz,
                                             Supplement) ☐
Portionen Obst ☐ ☐
                                             Selenquelle (z. B. Paranüsse,
Portionen Vollkornprodukte &   Jod-Selen-Salz, Supplement) ☐
Kartoffeln ☐ ☐ ☐
                                             Vitamin-D-Quelle (z. B. Sonne,
Portion Hülsenfrüchte ☐   Supplement) ☐

Kleine Handvoll Nüsse,   Vitamin-B12-Supplement ☐
Samen & Kerne ☐
                                             Mindestens 1,5 Liter Flüssigkeit
Omega-3-Quelle   (z. B. Wasser, ungesüßter Tee) ☐
(z. B. 1 EL Leinöl, 1 TL Algenöl) ☐

1 Wasserglas = 250 ml Wasser

ERNÄHRUNGSTAGEBUCH TAG 2

Datum: _____

Frühstück: Abendessen:

_____   _____

_____   _____

Mittagessen: Snacks:

_____   _____

_____   _____

Portionen Gemüse ☐ ☐ ☐   Jodquelle (z. B. Algen, Jodsalz,
                                     Supplement) ☐
Portionen Obst ☐ ☐
                                     Selenquelle (z. B. Paranüsse,
Portionen Vollkornprodukte &   Jod-Selen-Salz, Supplement) ☐
Kartoffeln ☐ ☐ ☐
                                     Vitamin-D-Quelle (z. B. Sonne,
Portion Hülsenfrüchte ☐   Supplement) ☐

Kleine Handvoll Nüsse,   Vitamin-B12-Supplement ☐
Samen & Kerne ☐
                                     Mindestens 1,5 Liter Flüssigkeit
Omega-3-Quelle   (z. B. Wasser, ungesüßter Tee) ☐
(z. B. 1 EL Leinöl, 1 TL Algenöl) ☐

1 Wasserglas = 250 ml Wasser

ERNÄHRUNGSTAGEBUCH TAG 3

Datum: _____

Frühstück:

_____

_____

Abendessen:

_____

_____

Mittagessen:

_____

_____

Snacks:

_____

_____

Portionen Gemüse ▢ ▢ ▢

Portionen Obst ▢ ▢

Portionen Vollkornprodukte &
Kartoffeln ▢ ▢ ▢

Portion Hülsenfrüchte ▢

Kleine Handvoll Nüsse,
Samen & Kerne ▢

Omega-3-Quelle
(z. B. 1 EL Leinöl, 1 TL Algenöl) ▢

Jodquelle (z. B. Algen, Jodsalz,
Supplement) ▢

Selenquelle (z. B. Paranüsse,
Jod-Selen-Salz, Supplement) ▢

Vitamin-D-Quelle (z. B. Sonne,
Supplement) ▢

Vitamin-B12-Supplement ▢

Mindestens 1,5 Liter Flüssigkeit
(z. B. Wasser, ungesüßter Tee) ▢

🥛 🥛 🥛 🥛 🥛 🥛

1 Wasserglas = 250 ml Wasser

ERNÄHRUNGSTAGEBUCH TAG 4

Datum: _____

Frühstück:

_____

_____

Abendessen:

_____

_____

Mittagessen:

_____

_____

Snacks:

_____

_____

Portionen Gemüse ☐ ☐ ☐

Portionen Obst ☐ ☐

Portionen Vollkornprodukte & Kartoffeln ☐ ☐ ☐

Portion Hülsenfrüchte ☐

Kleine Handvoll Nüsse, Samen & Kerne ☐

Omega-3-Quelle (z. B. 1 EL Leinöl, 1 TL Algenöl) ☐

Jodquelle (z. B. Algen, Jodsalz, Supplement) ☐

Selenquelle (z. B. Paranüsse, Jod-Selen-Salz, Supplement) ☐

Vitamin-D-Quelle (z. B. Sonne, Supplement) ☐

Vitamin-B12-Supplement ☐

Mindestens 1,5 Liter Flüssigkeit (z. B. Wasser, ungesüßter Tee) ☐

🥛 🥛 🥛 🥛 🥛 🥛

1 Wasserglas = 250 ml Wasser

ERNÄHRUNGSTAGEBUCH TAG 5

Datum: _____

Frühstück:

_____
_____

Abendessen:

_____
_____

Mittagessen:

_____
_____

Snacks:

_____
_____

Portionen Gemüse ☐ ☐ ☐

Portionen Obst ☐ ☐

Portionen Vollkornprodukte & Kartoffeln ☐ ☐ ☐

Portion Hülsenfrüchte ☐

Kleine Handvoll Nüsse, Samen & Kerne ☐

Omega-3-Quelle (z. B. 1 EL Leinöl, 1 TL Algenöl) ☐

Jodquelle (z. B. Algen, Jodsalz, Supplement) ☐

Selenquelle (z. B. Paranüsse, Jod-Selen-Salz, Supplement) ☐

Vitamin-D-Quelle (z. B. Sonne, Supplement) ☐

Vitamin-B12-Supplement ☐

Mindestens 1,5 Liter Flüssigkeit (z. B. Wasser, ungesüßter Tee) ☐

🥛 🥛 🥛 🥛 🥛 🥛

1 Wasserglas = 250 ml Wasser

ERNÄHRUNGSTAGEBUCH TAG 6

Datum: _____

Frühstück:

_____

_____

Abendessen:

_____

_____

Mittagessen:

_____

_____

Snacks:

_____

_____

Portionen Gemüse ☐ ☐ ☐

Portionen Obst ☐ ☐

Portionen Vollkornprodukte &
Kartoffeln ☐ ☐ ☐

Portion Hülsenfrüchte ☐

Kleine Handvoll Nüsse,
Samen & Kerne ☐

Omega-3-Quelle
(z. B. 1 EL Leinöl, 1 TL Algenöl) ☐

Jodquelle (z. B. Algen, Jodsalz,
Supplement) ☐

Selenquelle (z. B. Paranüsse,
Jod-Selen-Salz, Supplement) ☐

Vitamin-D-Quelle (z. B. Sonne,
Supplement) ☐

Vitamin-B12-Supplement ☐

Mindestens 1,5 Liter Flüssigkeit
(z. B. Wasser, ungesüßter Tee) ☐

🥛 🥛 🥛 🥛 🥛 🥛

1 Wasserglas = 250 ml Wasser

ERNÄHRUNGSTAGEBUCH TAG 7

Datum: _____

Frühstück: Abendessen:

_____   _____

_____   _____

Mittagessen: Snacks:

_____   _____

_____   _____

Portionen Gemüse ▢ ▢ ▢   Jodquelle (z. B. Algen, Jodsalz,
                                              Supplement) ▢
Portionen Obst ▢ ▢
                                              Selenquelle (z. B. Paranüsse,
Portionen Vollkornprodukte &   Jod-Selen-Salz, Supplement) ▢
Kartoffeln ▢ ▢ ▢
                                              Vitamin-D-Quelle (z. B. Sonne,
Portion Hülsenfrüchte ▢   Supplement) ▢

Kleine Handvoll Nüsse,   Vitamin-B12-Supplement ▢
Samen & Kerne ▢
                                              Mindestens 1,5 Liter Flüssigkeit
Omega-3-Quelle   (z. B. Wasser, ungesüßter Tee) ▢
(z. B. 1 EL Leinöl, 1 TL Algenöl) ▢

1 Wasserglas = 250 ml Wasser

Reflektiere die letzten sieben Tage!

Du hast vielleicht noch nie zuvor ein Ernährungstagebuch geführt oder dich so intensiv mit deiner Ernährung auseinandergesetzt.

Notiere deine Erfahrungen!

Welche neuen Erkenntnisse über deine Ernährung hast du durch das Tagebuch gewonnen?

_____

_____

_____

Wie einfach war es für dich, täglich alle Checkboxen abzuhaken, und was fiel dir dabei am schwersten?

_____

_____

_____

Wie hast du dich während dieser Woche emotional und körperlich gefühlt?

_____

_____

_____

Help from a Friend: Besondere Herausforderungen

Im Alltag können dir echte Herausforderung begegnen. Oftmals sind es nur alte Gewohnheiten oder äußere Einflüsse, die den Übergang etwas anspruchsvoller machen. Aber keine Sorge – mit ein wenig Planung und Flexibilität lassen sich diese Hürden leicht überwinden. Hier meine persönlichen Tipps für einige der häufigsten Stolpersteine – und Antworten auf Fragen, die du dir vielleicht stellst:

TIPP

Vergegenwärtige dir am besten noch einmal die Definition des Veganismus auf S. 34!

☐ gelesen

Bin ich noch vegan, obwohl ich unbeabsichtigt ein Tier getötet oder einem Tier geschadet habe?

Na klar! Missgeschicke und unbeabsichtigte Unfälle ändern ja nichts an deiner ethischen Grundhaltung.

Ich bin mir unschlüssig, was ich mit der Leder- und Wollkleidung machen soll, die ich noch im Schrank hängen habe. Und kann ich trotzdem noch Kleidung aus tierischen Bestandteilen kaufen, sofern es sich um Second-hand-Stücke handelt?

Du könntest alte Kleidungsstücke an wohltätige Organisationen oder Secondhand-Läden spenden oder recyclen. Du kannst sie aber auch Freunden und Bekannten schenken, die stattdessen Neuware gekauft hätten. Secondhand-Käufe tragen nicht direkt zur Nachfrage nach neuen Lederprodukten bei. Manchen Veganlebenden ist es jedoch wichtig, keine Kleidung mit tierischen Bestandteilen zu tragen, um die Nutzung von Tierprodukten nicht weiter zu normalisieren. Letztendlich ist es deine persönliche Entscheidung, wie du damit umgehen möchtest.

Im Urlaub fällt es mir schwer vegan zu sein. Ist es in Ordnung, Ausnahmen zu machen?

Vegan zu sein, bedeutet, sich nach besten Kräften gegen die Grausamkeit und Ausbeutung von Tieren einzusetzen – und das kann auch im Urlaub gut funktionieren! Um es dir einfacher zu machen, könntest du bei der Urlaubsplanung einige Dinge berücksichtigen: Wähle eine vegane oder veganfreundliche Unterkunft, frage nach veganen Optionen bei der Verpflegung oder plane Besuche in veganfreundlichen Restaurants. Auch die Selbstversorgung mit einfachen Snacks aus Supermärkten kann eine gute Lösung sein.

TIPP

Mit etwas Vorbereitung kannst du auch im Urlaub entspannt vegan genießen!

Lies am besten nochmal S. 83!

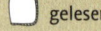 gelesen

Auch wenn ich weiß, wie gesund Gemüse ist, fällt es mir oft schwer, genügend davon in meine Mahlzeiten zu integrieren. Manchmal weiß ich nicht, wie ich es schmackhaft und abwechslungsreich zubereiten kann. Gibt es Tricks?

Gemüse kann unglaublich vielfältig und lecker sein! Probiere verschiedene Zubereitungsarten aus: Ob roh, gegrillt, gebraten, gekocht – jedes Gemüse entfaltet da einen anderen Geschmack. Bunte Kombinationen und kreative Gewürzmischungen machen es aufregend. Smoothies, Suppen oder auch Gemüsechips sind clevere Möglichkeiten, Gemüse auch außerhalb der Hauptmahlzeiten in deine Ernährung einzubauen.

Ich habe Linsen, Bohnen und Kichererbsen im Vorratsschrank, aber wie kann ich sie schmackhaft zubereiten?

Hülsenfrüchte sind wahre Geschmackswunder und können in jedem Gericht die Rolle des Texturträgers übernehmen, denn sie können cremig, knusprig oder herzhaft sein.

Wenn du nach Inspiration suchst, bietet mein Kochbuch „Ganz locker vegan kochen" eine Vielzahl an kreativen Rezepten mit Hülsenfrüchten.

Ich habe schon einige pflanzliche Milchalternativen ausprobiert, aber bisher hat mich keine wirklich überzeugt. Was kann ich tun?

Die Auswahl an pflanzlichen Milchalternativen ist riesig, und jede hat ihren eigenen Geschmack und Einsatzzweck. Vielleicht ist Haferdrink perfekt für deinen Kaffee, während Mandeldrink besser zu deinem Müsli passt. Gib dir Zeit, verschiedene Sorten und Marken auszuprobieren, bis du deine Favoriten gefunden hast. Es gibt so viele leckere Optionen!

Hast du schon den Pflanzendrink auf S. 24 ausprobiert?

☐ ausprobiert

Ich werde schwach bei Käsepizza. Warum fällt mir der Verzicht auf Käse so schwer?

Käse bietet eine Kombination aus Fett, Salz und Umami (dem „Wohlgeschmack"), die unsere Geschmacksnerven besonders anspricht. Diese Mischung macht ihn für viele Menschen unwiderstehlich. Aber keine Sorge: es gibt leckere vegane Käsealternativen, die ähnlich schmecken können. Probiere sie aus und finde heraus, welche dir am besten gefallen.

Manchmal hilft es auch, diese Umstellung Schritt für Schritt zu gehen und sich etwas Zeit zu lassen, die passende Alternative für Milch und Käse zu finden.

Wie kann ich damit umgehen, wenn meine Familie und Freunde meine Entscheidung für eine vegane Lebensweise nicht ganz verstehen oder sie nicht ernst nehmen?

Geduld und Verständnis sind hier der Schlüssel. Oft hilft es, offen über deine Beweggründe zu sprechen und Verständnis für die Fragen deines Umfelds zu zeigen. Vielleicht kannst du ihnen auch leckere vegane Gerichte vorstellen, um ihnen zu zeigen, wie vielfältig diese Ernährungsweise sein kann. Mit der Zeit werden viele Menschen deine Entscheidung respektieren und vielleicht sogar neugierig auf deinen neuen Lifestyle werden.

Schau dir am besten auch noch mal die Tipps auf S. 68 an!

☐ gelesen

Ich frage mich manchmal, ob ich durch eine vegane Ernährung wirklich alle wichtigen Nährstoffe zu mir nehme?

Es ist gut, sich Gedanken zu machen! Und ja, mit einer ausgewogenen veganen Ernährung kannst du alle wichtigen Nährstoffe abdecken! Achte besonders auf die kritischen Nährstoffe! Mit einer bunten Mischung aus Gemüse, Hülsenfrüchten, Nüssen, Getreide und angereicherten Lebensmitteln kannst du deinen Bedarf an den kritischen und allen weiteren Nährstoffen decken. Hab auch keine Angst vor Nahrungsergänzungsmitteln!

Ein Gespräch mit einer Ernährungsfachkraft kann helfen, um deinen individuellen Bedarf besser einschätzen zu können.

Für die kritischen Nährstoffe blättere auf S. 63!

☐ gelesen

Seit meiner Umstellung auf die vegane Ernährung habe ich das Gefühl, dass ich öfter Heißhunger auf Snacks und Süßes habe. Wie kann ich damit umgehen?

Achte darauf, dass deine Hauptmahlzeiten ausgewogen und nährstoffreich sind, denn so bleibst du länger satt und hast weniger Heißhunger. Es gibt außerdem viele leckere und gesunde vegane Alternativen für Süßes und Snacks – probiere dich durch!

**Viele Alltagsgegenstände und Kosme-
tika enthalten tierische Bestandteile,
und ich weiß oft nicht, wie ich diese
erkennen kann. Gibt es Tricks?**

Es ist erstaunlich, wo sich überall tierische Bestandteile verstecken können – von Klebstoff in Schuhen bis hin zu Wachs in
Kerzen. Um sicherzugehen, dass das Produkt seiner Wahl vegan
ist, achte auf Zertifizierungen wie das "Leaping Bunny"-Siegel
oder das „Vegan"-Label. Diese garantieren, dass das Produkt ohne
Tierversuche hergestellt wurde und keine tierischen Inhaltsstoffe enthält. Nutze auch die zahlreichen Apps und Webseiten, mit
denen du die Vegan- und Tierversuchsfreiheit von Produkten
überprüfen kannst. Mit der Zeit wird es dir leichter fallen, auf
diese Details zu achten und alternative Produkte zu finden.

Für weitere Infos blättere
zurück auf S. 66!

☐ gelesen

**In meinem Freundes- oder Famili-
enkreis ist kaum jemand vegan, und
manchmal fühle ich mich isoliert
oder unverstanden. Was kann ich
tun?**

Neue vegane Freund-
schaften können dir Kraft
geben!

Zum Thema „Vegane
Community" schau noch
mal auf S. 80!

☐ gelesen

Manchmal dauert es etwas, bis das Umfeld sich an deine
Entscheidung gewöhnt, aber oft kommt mit der Zeit mehr
Akzeptanz, zumal wenn du deine Werte und Motivation
erklärst. Dir selbst kann es helfen, dich mit der veganen
Community zu vernetzen! Online gibt es viele vegane
Gruppen, Foren und Reddit-Communities, in denen du dich
austauschen kannst. Und in vielen Städten gibt es vegane
Stammtische, Kochgruppen oder Veranstaltungen, bei
denen du Gleichgesinnte treffen kannst.

_____
_____
_____
_____
_____
_____
_____
_____
_____
_____
_____
_____
_____
_____
_____
_____
_____
_____
_____
_____
_____
_____
_____

Hier kannst du weitere Probleme notieren, auf die du gestoßen bist, und Ideen sammeln, wie du sie händeln kannst.

INSPIRATION & SPICKZETTEL
für pros

Jetzt geht's ans Feintuning: In Level 3 (Pro) optimierst du dein veganes Leben weiter. Du wirst die besten pflanzlichen Alternativen für Fleisch, Fisch, Milchprodukte und Käse finden und bekommst Inspiration aus dem Saisonkalender für gesunde, saisonale Gerichte. Dazu gibt es jede Menge nützliche Spickzettel: von nicht-veganen E-Nummern über wichtige Blutwerte bis hin zu Nährstofftabellen und Tipps, wie du tierische Lebensmittel ersetzt.

Dieses Level gibt dir das Wissen und die Werkzeuge an die Hand, um deinen veganen Alltag professionell zu meistern.

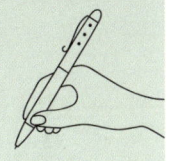

INHALT   SEITE   GECHECKT

Kreuze die Kästchen an, wenn Du das Thema gelesen hast...

Finde deine liebsten Fleischalternativen

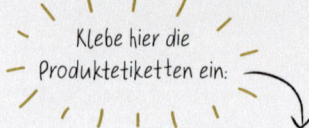

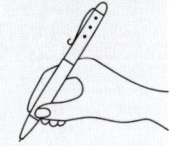

PRODUKTNAME	GEKAUFT BEI	PREIS	SCHMECKT FÜR MICH
			☺ ☺ ☹
			☺ ☺ ☹
			☺ ☺ ☹
			☺ ☺ ☹
			☺ ☺ ☹
			☺ ☺ ☹
			☺ ☺ ☹
			☺ ☺ ☹
			☺ ☺ ☹
			☺ ☺ ☹
			☺ ☺ ☹
			☺ ☺ ☹

Teste verschiedene Alternativ-produkte, bewerte sie und halte deine Favoriten jeweils mit einem Etikett fest.

Finde deine liebsten Fisch- & Meerestier- alternativen

Klebe hier die Produktetiketten ein:

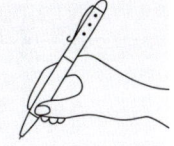

PRODUKTNAME	GEKAUFT BEI	PREIS	SCHMECKT FÜR MICH
_____	_____	_____	🙂 🙂 🙁
_____	_____	_____	🙂 🙂 🙁
_____	_____	_____	🙂 🙂 🙁
_____	_____	_____	🙂 🙂 🙁
_____	_____	_____	🙂 🙂 🙁
_____	_____	_____	🙂 🙂 🙁
_____	_____	_____	🙂 🙂 🙁
_____	_____	_____	🙂 🙂 🙁
_____	_____	_____	🙂 🙂 🙁
_____	_____	_____	🙂 🙂 🙁
_____	_____	_____	🙂 🙂 🙁
_____	_____	_____	🙂 🙂 🙁

> Teste verschiedene Alternativ-
> produkte, bewerte sie und halte
> deine Favoriten jeweils mit einem
> Etikett fest.

Finde deine liebsten Milchalternativen

Klebe hier die Produktetiketten ein:

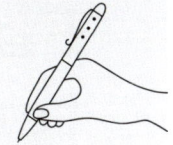

PRODUKTNAME	GEKAUFT BEI	PREIS	SCHMECKT FÜR MICH
			🙂 🙂 🙁
			🙂 🙂 🙁
			🙂 🙂 🙁
			🙂 🙂 🙁
			🙂 🙂 🙁
			🙂 🙂 🙁
			🙂 🙂 🙁
			🙂 🙂 🙁
			🙂 🙂 🙁
			🙂 🙂 🙁
			🙂 🙂 🙁
			🙂 🙂 🙁

Teste verschiedene Alternativprodukte, bewerte sie und halte deine Favoriten jeweils mit einem Etikett fest.

Finde deine liebsten Käse- & Sahnealternativen

Klebe hier die
Produktetiketten ein:

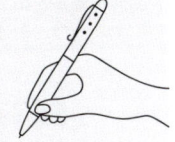

PRODUKTNAME	GEKAUFT BEI	PREIS	SCHMECKT FÜR MICH
			☺ ☺ ☹
			☺ ☺ ☹
			☺ ☺ ☹
			☺ ☺ ☹
			☺ ☺ ☹
			☺ ☺ ☹
			☺ ☺ ☹
			☺ ☺ ☹
			☺ ☺ ☹
			☺ ☺ ☹
			☺ ☺ ☹
			☺ ☺ ☹

Teste verschiedene Alternativprodukte, bewerte sie und halte deine Favoriten jeweils mit einem Etikett fest.

Finde deine liebsten Joghurtalternativen

Klebe hier die Produktetiketten ein:

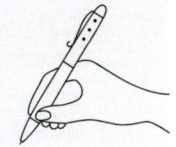

PRODUKTNAME	GEKAUFT BEI	PREIS	SCHMECKT FÜR MICH
			☺ ☺ ☹
			☺ ☺ ☹
			☺ ☺ ☹
			☺ ☺ ☹
			☺ ☺ ☹
			☺ ☺ ☹
			☺ ☺ ☹
			☺ ☺ ☹
			☺ ☺ ☹
			☺ ☺ ☹
			☺ ☺ ☹
			☺ ☺ ☹

Teste verschiedene Alternativ-produkte, bewerte sie und halte deine Favoriten jeweils mit einem Etikett fest.

Finde deine liebsten Eialternativen

Klebe hier die
Produktetiketten ein:

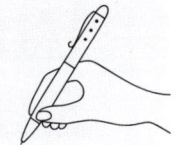

PRODUKTNAME	GEKAUFT BEI	PREIS	SCHMECKT FÜR MICH
_____	_____	_____	☺ ☺ ☹
_____	_____	_____	☺ ☺ ☹
_____	_____	_____	☺ ☺ ☹
_____	_____	_____	☺ ☺ ☹
_____	_____	_____	☺ ☺ ☹
_____	_____	_____	☺ ☺ ☹
_____	_____	_____	☺ ☺ ☹
_____	_____	_____	☺ ☺ ☹
_____	_____	_____	☺ ☺ ☹
_____	_____	_____	☺ ☺ ☹
_____	_____	_____	☺ ☺ ☹
_____	_____	_____	☺ ☺ ☹

Teste verschiedene Alternativprodukte, bewerte sie und halte deine Favoriten jeweils mit einem Etikett fest.

Finde deine liebsten Snacks & Treats

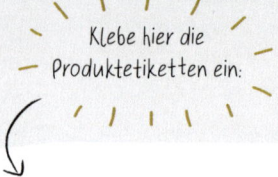

Klebe hier die Produktetiketten ein:

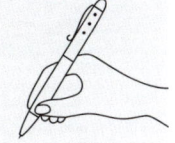

PRODUKTNAME	GEKAUFT BEI	PREIS	SCHMECKT FÜR MICH
_____	_____	_____	😊 😐 ☹️
_____	_____	_____	😊 😐 ☹️
_____	_____	_____	😊 😐 ☹️
_____	_____	_____	😊 😐 ☹️
_____	_____	_____	😊 😐 ☹️
_____	_____	_____	😊 😐 ☹️
_____	_____	_____	😊 😐 ☹️
_____	_____	_____	😊 😐 ☹️
_____	_____	_____	😊 😐 ☹️
_____	_____	_____	😊 😐 ☹️
_____	_____	_____	😊 😐 ☹️
_____	_____	_____	😊 😐 ☹️

Teste verschiedene Alternativ-produkte, bewerte sie und halte deine Favoriten jeweils mit einem Etikett fest.

Saisonkalender:
Frühling (21. März – 20. Juni)

> Nutze die Vielfalt der pflanzlichen Küche, indem du saisonale und regionale Produkte wählst. Sie sind frischer, nährstoffreicher und durch die kürzeren Transportwege schonender für die Umwelt.

Gemüse

Kartoffeln
Radieschen
Spargel
Spinat
Zwiebeln (aus dem Lager)

Ab Mai:
Frühlingszwiebeln
Kohlrabi
Mangold
Spitzkohl
Wirsing

Ab Juni:
Blumenkohl
Brokkoli
Dicke Bohnen
Erbsen
Fenchel
Gurken
Möhren
Rotkohl

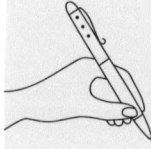

Mache mich bunt!

Salate

Eichblattsalat

Bis April:
Chicorée

Ab Mai:
Bataviasalat
Endiviensalat
Kopfsalat
Rucola

Ab Juni:
Eisbergsalat

Obst

Äpfel (aus dem Lager)
Rhabarber

Ab Mai:
Erdbeeren

Ab Juni:
Heidelbeeren
Himbeeren
Johannisbeeren
Kirschen

Rezeptideen fürs Frühjahr:

- Risotto mit grünem Spargel und Erbsen
- Spinat-Bohnen-Pasta mit Pinienkernen
- Rucola-Salat mit gebackenem Tofu und Erdbeeren
- _____
- _____
- _____
- _____
- _____

Notiere hier
weitere saisonale
Rezeptideen.

Saisonkalender: Sommer (21. Juni – 20. September)

Mache mich bunt!

Gemüse

Auberginen		**Bis August:**
Blumenkohl		Zuckerschoten
Brokkoli	Porree	
Dicke Bohnen	Radieschen	**Ab August:**
Erbsen	Rote Beete	Artischocken
Fenchel	Rotkohl	Mais
Frühlingszwiebeln	Spinat	Steckrüben
Gurken	Staudensellerie	
Grüne Bohnen	Tomaten	
Kartoffeln	Weißer Rettich	
Knollensellerie	Weißkohl	
Kohlrabi	Wirsing	
Kürbis	Zucchini	
Mangold	Zwiebeln	
Möhren		
Paprika		

Salate

Batavia
Eichblattsalat
Eisbergsalat
Endiviensalat
Kopfsalat
Rucola

Ab August:
Radicchio

Obst

Brombeeren
Heidelbeeren
Johannisbeeren
Mirabellen
Pflaumen
Zwetschgen

Bis Juli:
Erdbeeren

Bis August:
Aprikosen
Himbeeren
Kirschen

Ab August:
Äpfel
Birnen
Weintrauben

Ab September:
Quitten

Rezeptideen für den Sommer:

• Quinoa-Salat mit Mais, Tomaten und Gurken

• Beerensmoothie aus Erdbeeren, Himbeeren und Seidentofu

• Rote-Bete-Hummus mit Kohlrabi, Paprika und Rettich

• _____

• _____

• _____

• _____

Notiere hier weitere saisonale Rezeptideen.

Saisonkalender:
Herbst (21. September – 20. Dezember)

Gemüse

Kartoffeln
Möhren
Pastinaken
Porree
Rosenkohl
Rote Beete
Rotkohl
Schwarzer Rettich
Schwarzwurzeln
Staudensellerie
Steckrüben
Topinambur
Weißer Rettich
Weißkohl
Wirsing
Zwiebeln

Bis Oktober:

Artischocken
Auberginen
Blumenkohl
Brokkoli
Grüne Bohnen
Kohlrabi
Mais
Mangold
Paprika
Radieschen

Bis November:

Fenchel
Grünkohl
Knollensellerie
Kürbis
Spinat

Ab November:

Grünkohl

Mache mich bunt!

Salate

Chicorée
Endiviensalat
Feldsalat

Bis Oktober:
Eichblattsalat
Eisbergsalat
Kopfsalat
Rucola

Bis November:
Radicchio

Obst

Äpfel
Kastanien

Bis Oktober:
Quitten
Zwetschgen

Bis November:
Birnen

Rezeptideen für den Herbst:

- Kürbissuppe mit roten Linsen und gerösteten Kürbiskernen

- Pilzpfanne mit Pastinaken, Kartoffeln und Räuchertofu

- Apfel-Crumble mit Haferstreuseln und pflanzlichem Vanillequark

- _____

- _____

- _____

- _____

Notiere hier
weitere saisonale
Rezeptideen.

Saisonkalender: Winter (20. Dezember – 20. März)

Mache mich bunt!

Nicht viel los im Winter

Gemüse

Grünkohl
Kartoffeln (aus dem
Lager)
Kürbis (aus dem Lager)
Möhren (aus dem Lager)
Pastinaken
Porree
Rosenkohl
Rote Beete (aus dem
Lager)
Schwarzer Rettich
Schwarzwurzeln
Steckrüben (aus dem
Lager)
Topinambur
Weißer Rettich (aus dem
Lager)
Weißkohl (aus dem Lager)
Zwiebeln (aus dem Lager)

Bis Februar:
Wirsing

Ab März:
Spinat

Salate

Chicorée
Feldsalat

Obst

Apfel

Rezeptideen für den Winter:

- Wirsingrouladen mit Quinoa-Linsen-Füllung
- Wurzelgemüseeintopf aus Steckrüben, Kartoffeln und Kichererbsen
- Bratapfel mit Zimt, Walnüssen und Mandelmus
- _____
- _____
- _____
- _____

Notiere hier
weitere saisonale
Rezeptideen.

Vegane Spickzettel

In diesem Kapitel findest du fünf nützliche Spickzettel für schnelle Infos. Nutze sie als praktische Orientierungshilfe!

E-Nummern-Check: No-Gos auf einen Blick

NUMMER	BEZEICHNUNG	ERKLÄRUNG	KANN SICH BEFINDEN IN
E 120	Echtes Karmin	getrocknete weibliche und befruchtete Scharlachschildläuse	Süßwaren, Konfitüren, Lippenstift, aromatisierten Getränken
E 901	Bienenwachs	als Füll-, Trenn- oder Überzugsmittel	Süßwaren, Obst, Kaffeebohnen, Nahrungsergänzungsmitteln, Kosmetik, Kerzen
E 904	Schellack	Sekret von weiblichen Lackschildläusen	Süßwaren, Obst, Kaffeebohnen, Nahrungsergänzungsmitteln, Kosmetik, Nagellack, Haarspray, Farben
E 966	Lactit	Zuckeraustauschstoff (Süßungsmittel) aus Laktose	kalorienreduzierten Lebensmitteln, Senf, Soßen, Nahrungsergänzungsmitteln

Vegan Health-Check: Blutwerte, die du regelmäßig überprüfen lassen solltest

NÄHR-STOFF	PARAMETER	ERKLÄRUNG	GECHECKT AM
Vitamin B12	· Holo-Transcobalamin (Holo-TC) · Methylmalonsäure (MMA)	· aktive Form von Vitamin B12 · ergänzender Wert	☐ _____ ☐ _____
Vitamin D	· 25-OH-Vitamin-D3	· aussagekräftig für den Vitamin-D-Spiegel	☐ _____
Jod	· Schilddrüsenwerte TSH, T3, T4 · 24-h-Sammelurin oder Spontanurin	· zeigen Schilddrüsen-erkrankung auf · zeigen aktuelle Jodver-sorgung	☐ _____ ☐ _____
Selen	· Plasma-Glutathion-Peroxidase (GPX-3) · CRP und Albumin	· Wert für Veränderung der Selenzufuhr · ergänzende Werte	☐ _____ ☐ _____
Eisen	· Serum-Ferritin · Hämoglobinwert (Hb-Wert) · Transferrin & Transferrin-sättigung · Hepcidin	· Füllgrad des Eisen-speichers · ergänzend als Ab-sicherung · Eisentransportprotein und seine Sättigung · Protein, das Eisenaufnah-me reguliert	☐ _____ ☐ _____ ☐ _____ ☐ _____
Zink	· Zink · CRP und Albumin	· zeigt Zinkmangel auf · ergänzender Wert	☐ _____ ☐ _____
Vitamin B2	· Erythrozyten-Glutathi-on-Reduktase-Test (EGRAC)	· Hinweise auf Vitamin-B2-Mangel	☐ _____
Omega-3-Fett-säuren	· Omega-3-Index	· Zeigt Fettsäuren wie ALA, EPA und DHA an.	☐ _____

Nährstoff-Wissen: Was du brauchst und wie du's bekommst

NÄHR-STOFF	TAGESBEDARF ERWACHSENE	BESTE QUELLEN
Vitamin B12	4 µg	Nahrungsergänzungsmittel (geringe Mengen auch in angereicherter Zahnpasta, angereicherten Ersatzprodukten)
Vitamin B2	männlich: 1,4 mg; weiblich: 1,1 mg	Nüsse, Kerne, Pilze, Hülsenfrüchte, Tofu, Tempeh (geringe Mengen auch in Vollkorngetreide, Haferflocken, Reis)
Vitamin D	800 IE	Sonnenstrahlung (geringe Mengen auch in unter Tageslicht kultivierten Pilzen, angereicherten Lebensmitteln)
Vitamin A	männlich: 850 RAE; weiblich: 700 µg RAE	Karotten, Süßkartoffeln, Kürbis, Tomaten, Paprika, Papaya, Melone, Grünkohl, Feldsalat, Rucola, Spinat (geringe Mengen auch in Hülsenfrüchten, Beeren, Pflanzenölen)
Calcium	1000 mg	angereicherte Pflanzendrinks, Mineralwasser (ab 400 mg Calcium pro Liter) (geringe Mengen auch in Nüssen, Samen, Tofu, grünem Gemüse)
Zink	männlich: 16 mg; weiblich: 10 mg	Nüsse, Kerne, Haferflocken, Vollkorngetreide, Hülsenfrüchte (geringe Mengen auch in Amaranth, Buchweizen, Tofu)
Eisen	männlich: 10; weiblich: 15 mg	Nüsse, Samen, Kerne, Tofu, Amaranth, Quinoa, Linsen (geringe Mengen auch in Vollkorngetreide, Kräutern, Rucola)
Jod	200 µg	Norialgen, Aramealgen, Dulsealgen, Wakamealgen, jodiertes Speisesalz (geringe Mengen auch in Champignons, Brokkoli, Erdnüssen, Spinat, Kürbiskernen, Cashews)

NÄHR-STOFF	TAGESBEDARF ERWACHSENE	BESTE QUELLEN
Selen	männlich: 70 µg; weiblich: 60 µg	Paranüsse, Steinpilze, angereicherte Äpfel (Sorte: Sel-star®), angereichertes Speisesalz (Jod-Selen-Salz) (geringe Mengen auch in Cashews, Hülsenfrüchten, Reis, Quinoa, Champignons)
Omega-3-Fett-säuren	0,5 % deiner Energie-zufuhr	Mikroalgenöl, mit DHA/EPA angereichertes Leinöl (geringe Mengen auch in Walnüssen, Leinsamen, Hanf-samen, Chiasamen, Erdnüssen, Haselnüssen, Avocado)
Protein	0,8 g je kg Körpergewicht	Hülsenfrüchte, Tofu, Tempeh, Seitan, Nüsse, Samen, Kerne, Haferflocken (geringe Mengen auch in Sojajoghurt, Sojadrink, Kar-toffeln)

Kochen und backen ohne Ei: Vegane Ersatzmöglichkeiten

1 EL Leinsamen + 2 EL Wasser ☆☆☆

☆☆☆ 1 EL Chiasamen + 3 EL Wasser

1 EL Essig + 1 EL Natron ☆☆☆

☆☆☆ Reife Banane

Apfelmus ☆☆☆

☆☆☆ Sojadrink

Tofu (für Rührei) ☆☆☆

Kichererbsenmehl (für Omelette) ☆☆☆

„Kala Namak"-Schwefelsalz (Ei-Geschmack & -geruch) ☆☆☆

> Teste die verschiedenen Alternativen und bewerte sie!

Ohne Tier: Vegane Alternativen auf einen Blick

TIERISCHE LEBENSMITTEL	VEGANE ALTERNATIVE
Steak, Braten, Filet	Tofu Natur, Tofu geräuchert, Tempeh, Seitan aus Seitan-Fix, Hülsenfrüchte, Nussbraten, Portobellopilzsteak
Frikadelle, Burger	Kidneybohnentaler, Linsen-Pilz-Frikadelle, Dinkelbratling, Grünkernbratling, Tempehburger, Portobellopilzburger
Geschnetzeltes	Sojaschnetzel, Jackfrucht, Portobellopilz, „Pulled Pork" aus Kräuterseitlingen
Hackfleisch	Tofuhack, Sojahack, Sonnenblumenhack, Linsenbolognese
Speck, Bacon	Räuchertofu, Tofu mit Liquid Smoke, gewürztes Reispapier
Würstchen	Seitanwurst, Tofuwurst, Lupinenwurst, Bohnenwurst
Wurstaufschnitt	Räuchertofuscheiben, dünne Seitanfilets
Wurstaufstrich	Aufstrich aus Hülsenfrüchten oder Tofu
Fleisch- oder Umami-geschmack	Liquid Smoke, Geräucherte-Paprika-Pulver, Rauchsalz, Umamisalz, Misopaste, Sojasoße, Hefeextrakt, Glutamat

TIERISCHE LEBENSMITTEL	VEGANE ALTERNATIVE
Lachsaufschnitt	Karottenlachs
Fisch	Kichererbsen mit Nori, eingelegte Jackfrucht, eingelegter geschredderter Tofu, Sojaschnetzel
Meeresfrüchte	Kräuterseitlinge mit Norialgen, Palmherzen
Fischaroma	Norialgen, Wakamealgen, Dulsealgen, Algenöl
Kochsahne	Nussmus mit Wasser püriert, Haferflocken mit Wasser gemixt
Schlagsahne	feste Creme aus Kokosmilchdose, aufgeschlagenes Aquafaba (Flüssigkeit in Kichererbsendose)
Frischkäse	Seidentofufrischkäse, Cashew-Tofu-Frischkäse
Parmesan	Hefeflocken, gemahlene Cashews/Mandeln mit Salz
Honig	Dattelsirup, Ahornsirup, Zuckerrübensirup, Apfeldicksaft, Birnendicksaft, Reissirup, Agavendicksaft, Löwenzahnblütensirup
Gelatine	Agar Agar bzw. Agartine

Das perfekte vegane Rezept

Bereit für die ultimative Herausforderung?

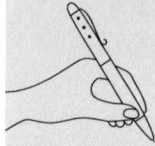

Entwirf ein Rezept für ein Gericht, mit dem du MÖGLICHST VIELE der kritischen Nährstoffe abdeckst.

Rezeptname:

_____

Portionen: _____   Zubereitungsdauer: _____

Zutaten:

_____   _____
_____   _____
_____   _____
_____   _____

Zubereitung:

_____
_____
_____
_____
_____
_____
_____
_____

Schwierigkeitsgrad:

GECHECKT

Vitamin B2 ☐

Vitamin D ☐

Vitamin A ☐

Calcium ☐

Zink ☐

Eisen ☐

Jod ☐

Selen ☐

Omega-3-Fettsäuren ☐

Protein ☐

Du möchtest deine eigenen
veganen Rezepte gestalten?
Hier findest du eine Vorlage
zum Ausdrucken

Zum Nachschlagen

Unter www.ulmer.de/vegan-guide findest du jede Menge Bonusmaterial, das nicht mehr ins Buch gepasst hat. Schau doch einfach mal vorbei!

Über die Autorin

Nina Tamara Schneider, geboren 1995, ist studierte Ernährungswissenschaftlerin und lebt im Schwarzwald. Von dort arbeitet sie als Science-Influencerin, freie Journalistin und Autorin. Seit 2012 ernährt sie sich aus ethischen Gründen vegan. Auf ihrem Blog pflanzlichgesund.de und ihrer Instagramseite (@pflanzlichgesund) deckt sie Ernährungsmythen auf und verpackt fundiertes Ernährungswissen leicht leserlich für ihre Follower. Zuletzt erschienen ihr Ratgeber „How to vegan" und ihr Kochbuch „Ganz locker vegan kochen" im Ulmer Verlag.

Website     Instagram

Impressum

Bildnachweise: Vivi D'Angelo: S. 55, 71 & 78 | Nina Tamara Schneider: S. 25, 74, 75 & 143 | Agus Mul/Shutterstock.com: Löffel | ahmad agung wijayanto/Shutterstock.com: Icon Daumen | Amina Uzdenova/Shutterstock.com: Icon Glühbirne | Anastasia Lembrik/Shutterstock.com: S. 30 Mitte | Anastasiya Iljina/Shutterstock.com: S. 64 | Arif_Vector/Shutterstock.com: S. 72 | cosmicanna/Shutterstock.com: S. 23 (Hafer) | creativemarket.com/NatalieArtShop: Icon Hand mit Stift, S. 1 (Bücher), S. 126–132 (Gießkanne, Bowl, Tasche, Kürbis, Apfel), S. 40 (Einkaufswagen), S. 86 (Schild) | Daria Ustiugova/Shutterstock.com: S. 30 oben | Fedulova_art/Shutterstock.com: Glasschüssel S. 67 | first vector trend/Shutterstock.com: S. 54 | Flowers for Bear/Shutterstock.com: S. 60 (Seife) | FVPhotography/Shutterstock.com: S. 18 (Kroketten) | GSDesign/Shutterstock.com: S. 19 (Wurst) | GulArt/Shutterstock.com: S. 98f | HandmadePictures/Shutterstock.com: S. 18 (Frikadellen) | Hennadii H/Shutterstock.com: S. 28 | Hseena/Shutterstock.com: S. 18 (Milchreis) | Ifofito/Shutterstock.com: S. 60 (Waschmittel) | krolya25/Shutterstock.com: S. 18 (Spätzle) | Ksenya Savva/Shutterstock.com: S. 126 & 132 | Lana1512/Shutterstock.com: S. 30 unten | melonee/Shutterstock.com: S. 60 (Wein) | Ma-ja88/Shutterstock.com: Rote Bete auf Cover | MariMuz/Shutterstock.com: offenes Buch | mimomy/Shutterstock.com: S. 60 (Gummibärchen) | MyPro/Shutterstock.com: S. 60 (Pinsel) | mything/Shutterstock.com: S. 28 (2.v.oben) | Naive Feel/Creativemarket.com: Farbige Hintergründe | Natalia Plyashkevich/Shutterstock.com: S. 60 (Schwamm) | Net Vector/Shutterstock.com: S. 65 | Night Foxsong/Shutterstock.com: S. 60 (Kerze) | okliii/Shutterstock.com: S. 130 | Olha Saiuk/Shutterstock.com: S. 33 | Ollie The Designer/Shutterstock.com: S. 32 | oudiea/Shutterstock.com: S. 128 | Pinkbrush/Creativemarket.com: Scribble- & Journal-Icons | Pixel-Shot/Shutterstock.com: S. 18 (Pasta & Pudding) | Polina Tomtosova/Shutterstock.com: Ausrufezeichen & Warndreieck | Pukskup/Shutterstock.com: S. 21 | Reytr/Shutterstock.com: S. 60 (Brioche) | romawka/Shutterstock.com: S. 84 | sobahus surur/Shutterstock.com: Blattsymbol | Soho A Studio/Shutterstock.com: S. 18 (Croissant) | Spalnic/Shutterstock.com: S. 18 (Haferflocken) | Tatiana Davidova/Shutterstock.com: S. 60 (Pina Colada) | Tricreative project/Shutterstock.com: S. 29 | Valentyn Volkov/Shutterstock.com: S. 18 (Mayonnaise) | vector bucket/Shutterstock.com: Icon Herz | Die Zeichnung der Ernährungspyramide auf S. 52 stammt von Dr. Markus Keller und dem Buch „Vegetarische und Vegane Ernährung" mit Dr. Claus Leitzmann. Alle weiteren Aquarell-Zeichnungen stammen von Kateryna Manko und die Icons von Michaela Mayländer.

Die in diesem Buch enthaltenen Empfehlungen und Angaben sind von der Autorin mit größter Sorgfalt zusammengestellt und geprüft worden. Eine Garantie für die Richtigkeit der Angaben kann aber nicht gegeben werden. Autorin und Verlag übernehmen keine Haftung für Schäden und Unfälle. Bitte setzen Sie bei der Anwendung der in diesem Buch enthaltenen Empfehlungen Ihr persönliches Urteilsvermögen ein. Der Verlag Eugen Ulmer ist nicht verantwortlich für die Inhalte der im Buch genannten Websites.

Anmerkung zur Schreibweise (Gendering): Gendergerechtigkeit und Inklusion sind bei uns gelebte Praxis – bei der Auswahl unserer Themen, bei der Recherchearbeit, in der Gestaltung. Unsere Texte meinen alle. Damit unsere Inhalte jedoch gut lesbar bleiben, verzichten wir in diesem Werk auf die jeweilige Mehrfachnennung oder Anpassung der Schreibweise bestimmter Bezeichnungen an die weibliche, männliche oder diverse Form.

Bibliografische Information der Deutschen Nationalbibliothek
Die Deutsche Nationalbibliothek verzeichnet diese Publikation in der Deutschen Nationalbibliografie; detaillierte bibliografische Daten sind im Internet über http://dnb.d-nb.de abrufbar.

Das Werk einschließlich aller seiner Teile ist urheberrechtlich geschützt. Jede Verwertung außerhalb der engen Grenzen des Urheberrechtsgesetzes ist ohne Zustimmung des Verlages unzulässig und strafbar. Das gilt insbesondere für Vervielfältigungen, Übersetzungen, Mikroverfilmungen und die Einspeicherung und Verarbeitung in elektronischen Systemen. Der Verlag behält sich das Text- und Data-Mining nach §44b UrhG vor, was hiermit Dritten ohne Zustimmung des Verlages untersagt ist.

© 2025 Eugen Ulmer KG
Wollgrasweg 41, 70599 Stuttgart (Hohenheim)
E-Mail: info@ulmer.de
Internet: www.ulmer.de
Projektleitung & Konzept: Jennifer Zajonz
Lektorat: Melanie Kattanek
Herstellung: Stephanie Haun
Reihen- & Umschlaggestaltung:
Michaela Mayländer, Stuttgart, www.sistermic.de
Satz: Marion Schreiber, www.marionschreiber.de
Reproduktion: time:ray, Jettingen
Druck und Bindung: Pustet, Regensburg
Printed in Germany

ISBN 978-3-8186-2467-5

FSC
www.fsc.org

MIX
Papier | Fördert
gute Waldnutzung
FSC® C014889